AF337058

SIDNEY VIGNEAUX

LE
BARON JÉHOVA

Mais je tiens le fer rouge et vois ta chair fumer.

VICTOR HUGO.

PARIS

E. DENTU, ÉDITEUR

LIBRAIRE DE LA SOCIÉTÉ DES GENS DE LETTRES

PALAIS-ROYAL, 15-17-19, GALERIE D'ORLÉANS

1886

LE

BARON JÉHOVA

SIDNEY VIGNEAUX

LE

BARON JÉHOVA

Mais je tiens le fer rouge et vois ta chair fumer.
Victor Hugo.

PARIS

E. DENTU, EDITEUR

LIBRAIRE DE LA SOCIÉTÉ DES GENS DE LETTRES

Palais-Royal, 15-17-19, Galerie-d'Orléans

1886

Ceux qui liront le *Baron Jéhova*, après avoir lu la *France juive*, s'apercevront aisément que les auteurs de ces publications combattent le même fléau sans se ranger sous la même bannière. Cependant l'auteur du présent récit croit devoir le déclarer formellement ici.

Il repousse aussi d'avance l'épithète *d'antisémite* qui pourrait lui être inconsidérément appliquée. Pour lui, c'est faire injure à cette noble race qui a parcouru en victorieuse l'Asie, l'Afrique et l'Europe, que de prendre son nom pour en affubler ceux que les frères magnanimes d'Abd-el-Kader et de Mokrani appellent encore *Djiffa ben djiffa* (charogne fils de charogne).

En dépit de leurs efforts pour se forger une origine illustre, il reste certain que les Juifs ne remontent pas au delà de la seconde expulsion des Impurs, sous Séthos-Ramsès.

Si un dictateur de l'avenir s'avisait de rejeter hors des frontières de France les rastaquouères, plus ou moins récidivistes, qui grouillent et pullulent dans les bas-fonds de toutes les grandes civilisations, leur troupeau aurait il le droit de se dire Sémite?

AU

TRÈS GENTILHOMME

A. DE GOBINEAU

AUTEUR DE L'ESSAI

SUR

L'INÉGALITÉ DES RACES HUMAINES

ENTRÉ AU WALHALLA

LE 13 OCTOBRE

1882

LE

BARON JÉHOVA

I

L'ORIGINE DE LA CHOSE.

En ce temps-là, Isidore Manheim était juif rue de la Harpe.

Sa juiverie de haute crasse était tellement palpable qu'elle repoussait l'euphémisme d'israélite.

La fortune ayant boudé ses pères, il avait dû songer à l'atteindre lui-même, et, bien qu'il marchât beaucoup depuis dix ans, il ne semblait pas avoir avancé d'un iota vers la déesse rayonnante. Les dernières années du règne de Louis-Philippe le trouvaient tout pareil à ce que l'avaient fait les premières, et chaque jour on le voyait encore arpenter les rues du quartier Latin dans un désastreux équipage.

Couvert d'un flasque manteau, coiffé d'un bolivar rougeâtre, traînant ses larges pieds dans d'inexprimables chaussures dépareillées, il allait paresseusement, le dos voûté, le nez au vent, sondant l'espace et les murailles d'un petit œil infatigable, toujours inquiet.

Une affreuse boîte noire, suspendue au bout d'un de ses bras, l'étirait si droit vers le sol que sa longueur en paraissait démesurée, tandis que l'autre, replié autour d'un paquet de tristes maigres joncs pommés d'un or de pacotille, semblait court, haut perché, atrophié pour ainsi dire dans son geste ultra-possessif. Enfin, dernier détail, plus énergiquement révélateur de l'ingrate industrie d'Isidore, sur l'épaule remontée de ce bras crochu, s'étalait en permanence un pantalon à grands carreaux, presque aussi neuf que démodé.

Cet homme décharné et flétri, déformé par son harnois de misère, et qui semblait la vivante image de l'existence sans horizon, n'était pourtant point un désespéré.

Il croyait en l'avenir !

Ce n'est pas qu'il rêvât des fortunes tombant à ses pieds par miracle ; ce n'est pas qu'il eût l'espoir de se vautrer un jour dans le luxe. Non, il avait dès longtemps renoncé au peu de songe-creux dont il avait eu sa part comme tout autre, et son idéal de succès ne comportait aucun des paradis artificiels dont le désir se mêle d'ordinaire aux ambitions humaines. Il aimait le trésor pour lui-même, il comprenait l'or à la fois comme moyen et comme but, il le voulait pour l'accumuler, pour en sentir dans ses mains la puissance, pour employer cette force à de nouvelles conquêtes d'or.

S'il vivait aujourd'hui plus chichement qu'il n'avait jamais fait, s'il imposait à sa femme et à ses quatre enfants, comme à lui-même, une lésine chaque jour plus étroite, c'est qu'il possédait enfin un petit tas d'or ; c'est qu'il fallait le couver, le défendre, le nourrir jusqu'à ce que de *magot* inerte il se fût transformé en *capital !* Alors, entre ces mains, qui pour lui grattaient encore la terre de leurs ongles, il deviendrait un outil préhensif et conquérant.

D'avance, Isidore assistait au travail de ses pièces jaunes.

Avec l'activité dévorante des fourmis, elles sortaient du sac en quête de provision, puis y rentraient chargées de butin et repartaient pour revenir, jusqu'au jour où le sac magique, devenu suffisamment puissant, les douait d'une espèce de faculté nouvelle : la génération alternante des pièces d'or ! Devenues pondeuses, elles ne sortaient plus. Un petit bout de papier témoignant qu'elles étaient là, les remplaçait au dehors. Leur valeur n'avait plus de limite. La même, grâce au crédit, pouvant faire face à dix, à vingt entreprises, puisque le papier qui la représentait pour Pierre, ne lui disait pas que d'autres papiers la représentaient déjà chez Paul, chez Jacques et chez Guillaume.

Isidore, malgré sa lamentable expression de figure, avait au fond du cœur un rire strident et sournois chaque fois qu'il pensait à ce mécanisme si simple, et il y pensait sans cesse : en marchant, en mangeant, en bâillant, en suant, en crachant, en se mouchant, en… tout ce qu'il vous plaira, même en comptant, même en dormant et surtout en vendant.

Sa misère, vue ainsi, loin d'être dépressive était vivifiante. C'était bien de sa chair et de son sang qu'il alimentait son pécule, mais, en attendant mieux, celui-ci rendait en exaltation ce qu'il coûtait en substance vitale.

Cependant, et tandis que de son allure de limace exténuée il montait la rue Saint-Jacques dans la brumeuse et sombre atmosphère d'une froide matinée d'avril, et pendant que ses boyaux vides lui chantaient douloureusement l'hymne du lointain triomphe, voici que la déesse aléatoire, qui crée et détruit les empires, se préparait à confondre des calculs dont elle était soigneusement exclue. Elle allait, d'un coup de lumière, révéler à cette taupe d'Isidore l'étroitesse des conceptions qu'il croyait immenses, et livrer à son avarice des territoires auprès desquels le domaine rêvé ne serait plus qu'un imperceptible jardinet. Elle allait le jeter hors des voies lentes et souterraines où il prétendait orgueilleusement ramper et lui donner des ailes, des ailes démesurées, pour planer au-dessus de la proie.

D'un fourmilier elle allait faire un condor !

Un condor? Oh! faiblesse! Comparaison mesquine et blasphématoire ! — Un condor? — Voilà-t-il pas une belle poussée ! Qu'est-ce en effet qu'un condor ? Un misérable oiseau qui, dans son effort extrême, enlèverait peut-être bien un mouton, un animal réel qui ne dispose de rien au delà de sa force individuelle, qui fait partie d'une espèce connue et classée, tandis que pour définir la puissance à laquelle Isidore allait servir de spermatozoaire, il faut sortir de la nature, entrer dans le règne de l'imagination, rêver un monstre divin, comme cet oiseau Roc, prince des génies, que connaissent les initiés des féeries orientales, et dont le vol interplanétaire domine les mondes qu'il pourrait ravir dans ses serres.

Jéhova! Tes voies sont mystérieuses, et tu te plais à faire sortir la merveille du fait le plus banal, afin que soit justifiée, envers ton peuple, la parole du prophète : « Ils ont des yeux et ne voient point. »

Isidore avait des yeux, très éraillés à la vérité, très miteux et largement bordés de pourpre visqueuse, mais très enquêteurs et encore plus pénétrants ; cependant il ne voyait rien puisqu'il n'apercevait que deux étudiants qui marchaient vers lui d'un pas cahotique et coupé de temps d'arrêt. Et par

Shylock! il eût été souverainement injuste d'exiger plus que cela d'un organe visuel, fût-il celui du plus clairvoyant des Voyants, puisqu'il n'y avait à l'entour quoi que ce soit autre de visible.

Donc, Isidore ne voyait que ces deux étudiants. Mais il n'était pas sans prendre intérêt à leur présence, et, réellement, leur allure méritait quelque attention.

Ces jeunes gens, classiquement coiffés du béret de laine, se repassaient ou plutôt se ravissaient à tour de rôle un bout de papier noirci de pattes de mouches dont la lecture intermittente les induisait en d'inextinguibles éclats de rire, entrecoupés de ces exclamations délirantes qu'arrachent les nouvelles découvertes, alors surtout qu'on n'en espère plus pour en avoir déjà trop fait. Ce texte, fourmillant d'éperons au fou rire, était dû à la plume indépendante de mademoiselle Phlogistique, l'une des célébrités de la Grande Chaumière, et commençait par ce mot d'amour : *Bediganarre*, pour finir par cette autre tendresse ; *ta grocaudelle*, après avoir traversé maints termes non moins séduisants de l'histoire naturelle, avec le même sans-gêne orthographique. C'était un chef-d'œuvre ! aussi, comme tout chef-d'œuvre portait-il dans ses flancs de quoi susciter les émotions les plus contradictoires ; le souci lancinant près de la gaieté folle.

— Voilà qui est bon, dit un des compagnons, la bouche encore étirée par le rire, mais ça tombe diantrement mal.

— Allons donc ! riposta l'autre, anhélant encore après tant de joie, la chute en est heureuse, amoureuse, admirable...

— La peste de ta chute ! interrompit le premier que le sérieux gagnait visiblement, c'est gentil de se gosser, mais il y a un cheveu. Il va falloir le faire déjeuner, ce saurien, et, je la connais, elle va avoir un appétit !

— Ventre ! jura l'autre, plaisamment terrifié à l'aspect du problème. Je n'y songeais pas. Ah ! ma foi, tu lui diras qu'on ne s'invite pas chez nous sans prendre garde au

quantième, à moins d'être assez amoureuse
pour subir héroïquement les conséquences
d'une fin de mois, et, sur ce préambule, tu la
conduiras à la pension.

— Fichtre! la pension! sombre fête.

— C'est assez bon pour elle puisque c'est
bon pour nous et...

— Ton qualificatif bon, interrompit l'interlocuteur avec un geste de dégoût, me
paraît d'abord supercoquentieusement anti-
phraseux ; et puis, c'est pas tout ça, la pension n'est pas possible. Si j'entre là avec
Phlogistique, la mère Capitaine va me faire
un de ces nez.

— Ah! ben, tant pis.

— Pour moi, car elle me présentera sa
note demain, et je serai propre.

— Alors, il n'y a qu'un moyen, dis à la
petite que tu as déjeuné.

— Vraiment! tu as trouvé cela tout seul ?
Mais, gros naïf, qu'est-ce que ça peut bien
lui faire, à cette enfant que j'aie déjeuné;
elle me répondra, de par Manon, qu'on ne

peut pas s'aimer le ventre vide, et fichera son camp.

— Tant mieux.

— Ah! mais non. Tu en parles bien à ton aise, toi. Ca ne te prive de rien qu'elle s'en aille.

— C'est vrai qu'elle est crânement appétissante, la coquine, répondit le bon conseilleur ainsi mis au pied du mur. Mais, baste! ce sera pour une autre fois.

— L'occasion est chauve.

— Mais pas Phlogistique.

— Il ne manquerait plus que cela.

— Enfin, mon vieux, tu as beau te tortiller; qui ne peut ne peut.

D'un geste méprisant et crispé, l'amant en détresse retapa son bonnet de laine et tendant sa main ouverte au-dessus de sa tête:

— Le diable emporte celui qui a fait les écus et leur répartition, s'écria-t-il d'une voix tragique, c'est absurde! c'est ignoble! c'est dégoûtant! c'est révoltant!

— C'est embêtant! c'est canulant! c'est

fichant! marmonnait gravement l'interlocuteur,

> Comme un servant de sacristie,
> Fournissant des répons à quelque litanie.

— Fais donc pas ta bête, Alfred! lança le
mécontent en imprimant au bras de son ami
une vigoureuse secouée.

— Bon! maintenant, riposta l'autre. Il
paraît que ça se gagne la zoologie, me voilà
classé avec toi parmi les animaux stupides,
Beniganarres ambo.

Mais Alfred perdait son temps et son gros
sel. Son ami dépité ne se laissait pas distraire. Il s'emballait même, en récriminations lyriques.

— Ce n'est pas un siècle que le nôtre! in-
vectivait-il. Ce n'est pas une patrie que ce
pays-ci. Ce n'est pas un gouvernement que
nous possédons. Si nous étions des civilisés,
il y aurait des endroits où l'on trouverait de
l'argent pour des cas aussi sérieux.

— Certes! fit Alfred, avec un accent d'approbation dérisoire. Le gouvernement ne fait

pas son devoir, aussi est-il bien puni. Les mouches ne respectent pas plus les bustes du souverain que les journalistes sa personne. Mais, en dehors du gouvernement, mon cher, ce que tu demandes existe. Il y a des banquiers, des usuriers, des monts-de-piété, des portiers et même... le nôtre !

— Le père Pierre ?

— Parfaitement.

— Je lui dois déjà quinze francs.

— Ah ! diantre !

— Non, vois-tu, c'est une fatalité ! Je suis coincé, je suis furieux, mille millions de milliards !... je voudrais que quelqu'un me marchât sur le pied.

Il se campa, promenant à l'entour un regard provocant. Mais il ne rencontra d'autre adversaire que son ami, qui, la main sur la garde d'une épée fictive, lui dit d'une voix mélodramatique :

— Monsieur Octave, vous êtes un manant !

— Tu es idiot ! répondit celui-ci.

Puis, déguisant sous un ton moqueur

la sincérité du sentiment qui le possédait :

— Dire, poursuivit-il, qu'il y a des gens pourris d'argent. Des gredins qui en ont toujours, même quand il ne leur en faut pas. Des Philistins qui en ont dans leur poche et partout ; dans leurs paillasses, dans leurs bas de laine, à la caisse d'épargne, dans des portefeuilles, dans des caisses en fer, dans des sacs...

— J'ai connu un homme qui en avait dans le nez.

Octave leva les épaules avec une expression de pitié.

— Mais oui, mon cher, l'invalide.

— Triple brute ! incidenta le jeune homme, et reprenant sa tirade : il n'y a que nous, oui, nous ! qui n'avons pas d'argent ; tout le monde en a peu ou prou...

Tout à coup, sèchement, la parole mourut sur les lèvres d'Octave. Il se trouvait à deux pas d'Isidore immobile, mais non moins attentif qu'une araignée au centre de sa toile.

Cette vue le surprit. Il contempla longuement le marchand d'habits, et frappé de son inélégance scandaleuse :

— Ça, dit-il, c'est l'ancêtre d'un millionnaire ! Je suis sûr qu'il a de l'argent.

Manheim eut dans le cœur un sourire ironique et sur les lèvres un sourire servile, il répondit :

— Fulez-fus un pon lorgnett' ?

— Pour me boucher l'œil alors, riposta Octave. Plus souvent ! J'ai plaisir à te voir, mon vieil Aashvérus.

— Un pon lorgnett' té l'inzénieur, et bas ger ti toud, insista le marchand.

— Ah ! bien, je les connais tes lunettes. Tu vends les lentilles à l'opticien du coin, et tu les remplaces par un joli cul de bouteille antidiaphane.

— Si on beut tire !

— On peut tout dire.

— Oh !... fit le marchand avec un geste de pudeur.

— Eh bien ! soit. Mais on peut tout vendre. N'est-ce pas, vieux ?

Manheim sourit agréablement et répliqua:

— Agedez-moi un choli gann', alors.

— Combien la canne ?

— Zinque vrancs.

— J'ai pas cent sous.

— Gompien que fus afez ?

— Curieux, va.

— C'èdre bur zafouar.

— Pas possible ! Eh bien, cher ange, puisque c'est pour accroître ta science, sois-le ! Mes trésors ne dépassent pas les hauteurs vertigineuses de quinze sols.

— Brenez tut même le gann', fis tefrez le reste.

— Bonne affaire ! ricana le joyeux garçon, mais j'en ai des cannes.

— Fis hafez té dout.

— Je n'ai pas d'argent.

— J'en fend....

— Bas cher, compléta simiesquement l'étudiant.

— Mais non, bas ger di dout, répliqua Manheim.

— Ah! je la connais celle-là, on me l'a déjà faite. Tu vends cent francs un mauvais bijou de ta boîte, et tu le rachètes sur-le-champ pour cent sous comptant.

— A gauss' ti riscle, riposta le bonhomme.

— Allons, voyons, vieux, tu n'es pas sérieux. Veux-tu m'acheter des habits?

— Ca sé fend blis.

— Tant mieux, tu les porteras pendant le carnaval, ça te déguisera.

— Vaides foir tujur les habits. Mais frai! ça sé fend blis.

Ils montèrent tous trois dans le logement de l'étudiant qui ouvrit devant eux une de ces immenses, longues, vieilles malles comme il s'en trouve encore parfois au fond des provinces les plus arriérées du midi de la France. Octave l'avait reçue la veille de chez lui et ne l'avait même pas encore déficelée, mais il savait ce qu'elle contenait.

C'était la défroque d'un collatéral récemment décédé, que sa brave femme de mère lui envoyait à bonne intention pour corres-

pondre au côté muscadin de sa fibre, le dé-
funt, grand savant, ayant toujours passé
pour très cossu.

Seule, la maternité provinciale a de telles
illusions.

L'étudiant, aidé de son ami, commença à
tirer de cette caisse de Fortunatus une indéfi-
nie quantité de vêtements noirs, plus ou moins
râpés, qu'il étalait sur le lit et les meubles.

Manheim, d'un œil éteint, sensiblement
distrait, jaugeait la marchandise au fur et à
mesure de sa mise à l'air. Il semblait à bout
de force.

— Témante le bermission té mé séoir, fit-
il d'un air de consomption avancée.

— Vous gênez pas, mon bonhomme, répar-
tit prestement Octave, et, tendant un siège
à Isidore, il ajouta avec un geste de comédie :

— Monsieur, si vous étiez assis, vous en
seriez mieux pour payer.

Mais le juif ignorait Molière, et même, en
fait de comédie, il n'en connaissait pas
d'autre que celle qu'il jouait devant ses

clients. Il s'assit donc sans essayer de comprendre, uniquement occupé de l'affaire qu'il allait traiter.

Avant que tout ce fatras fût hors de la malle, il était fixé sur le prix qu'il y voulait mettre et, dès lors, craignant de laisser à l'étudiant l'avantage de connaître la totalité de ses ressources, il arrêta net l'exhibition par ces mots :

— Là, pien ! foyons, gompien qué vis filer ti dud ?

Combien offrez-vous ?

Manheim eut une horrible quinte de toux.

Les étudiants crevaient de rire.

—C'est de monter qui a irrité votre asthme.

— C'es bas ti monder.

— Qu'est-ce que c'est donc ?

C'èdre lé fin te la janson, répondit le pitoyable marchand frappant de l'index sur son sternum.

— Eh bien ! achetez la boîte avec, fit l'impitoyable jouvenceau, ça vous économisera un cercueil. Elle est de taille.

Manheim hocha lamentablement la tête.

— Ça sé fend bas, râla-t-il.

En ce moment, la porte, demeurée entr'ouverte, fit entendre le sifflement vipérin de ses gonds rouillés, et par l'entre-bâillement agrandi apparut un visage curieux et mutin.

Le bruit appela du coup tous les regards, et aussitôt :

— Te voilà, Phlogistique !

— Nous t'attendons.

— Entre donc, tu n'es pas de trop.

Elle, hésitante, conservait son attitude de souris indécise. Mais Octave courut à elle, ouvrit en grand la porte, la prit par la main et l'entraîna vers le milieu de la chambre.

— Mademoiselle, dit-il, je vous autorise à m'embrasser, puis vous irez serrer la main d'Alfred et ferez une jolie grimace au monsieur assis.

Isidore, prenant sans doute ces derniers mots pour un reproche d'incivilité, se souleva péniblement, à moitié, puis se laissa lourdement retomber sur sa chaise.

Mademoiselle Phlogistique accomplit gentiment le petit manège dont l'étudiant avait tracé le programme, et sur ces mots :

— Tu permets que nous finissions, n'est-ce pas ?

Elle alla s'asseoir assez près de Manheim.

Emmitouflée dans sa profonde capote verte et pliée dans son cachemire, la jeune femme avait bien l'allure et le costume d'une grisette élégante, mais sa figure s'écartait absolument des caractères de l'emploi. On y aurait en vain cherché le côté chiffonné, impertinent et rieur de la Parisienne de cette classe.

Répondant parfois, dans l'intimité, aux prénoms de Cora, Clara ou Irma, suivant les milieux, elle était universellement connue sous le nom de Phlogistique dû, sans contredit, à l'inflammabilité d'un tempérament dont les signes extérieurs justifiaient, au premier coup d'œil, cette dénomination alchimique.

Le teint, d'un bistre chaud, puissamment

relevé de pourpre aux joues et d'écarlate aux lèvres, combiné avec le relief sinueux d'une chair à fossettes, donnait à cette étudiante l'aspect d'un étrange mets succulent.

Ses cheveux, lissés en larges bandeaux d'un noir égratigné de teintes rousses, descendaient, presque au bas du visage, en gonflant à la hauteur des oreilles qu'ils enveloppaient. La vigueur de leur ton rehaussait l'éclat de deux yeux saillants mais très grands, langoureux et placides, dont le blanc, fortement bleuté, était encore assombri par une épaisse bordure de cils recourbés.

Le nez de Phlogistique était rond et court. Attirant à lui la lèvre supérieure, comme pour l'empêcher de descendre sur une rangées de dents serrées, petites, d'un émail transparent, et d'un arrangement si régulier qu'il donnait l'impression de quelque chose d'artificiel, ce nez semblait à son tour devoir sa courbe vive de bec rapace à la traction des narines largement étalées, et dont un sillon profond, arrondi comme un paraphe, entourait l'épaisseur mamelonnée.

Au-dessous, la bouche dessinait des courbes violentes et, plus bas, le menton saillait en boule.

Il faut croire que cet ensemble influençait Isidore par de mystérieuses attractions, car il ne cessait de jeter sur l'infante des regards empreints d'une tendresse patriarcale. Mais Octave, croyant voir en ce manège une ficelle de marchand qui se distrait de la marchandise pour la mieux déprécier, le rappela vivement à l'ordre.

— Voyons, papa, lui dit-il, c'est pas pour loucher sur la jeunesse que je t'ai fait monter chez moi. Bien sûr que, si tu pouvais me rendre jaloux, tu aurais plus facilement raison de moi, mais tu perds ta peine. Va donc un peu regarder dans le miroir comme c'est laid quand tu es en face, et, lorsque tu auras ainsi douché tes prétentions, nous reprendrons nos affaires.

Manheim, ainsi interpellé, toussa douloureusement ; mais son œil ne quitta pas l'étudiante et son sourire, qui semblait un acquiescement au sarcasme d'Octave, était empreint d'une complaisance visible pour l'objet de son attention.

— Fu fiz nommez Vlochisdic, montemissel? demanda-t-il câlinement.

— Non, mon brave homme.

— Alors burgoi g'on fiz en appelle?

— Je ne sais pas.

— Parce que ça veut dire *terre inflammable*, mon vieux , intervint Alfred.

— Ah !... Ca filoir tire...

— Oui, en langage de Cabbale.

— Non, bas té Kabale, répliqua pertinemment Isidore.

— Ah ! Ah ! ça te connaît donc cette machine-là ? Mais c'est pas de la tienne que vient le nom, c'est de la nôtre, la vraie, la Cabbale à Méphisto.

— Gombrend bas.

— Je l'espère bien ; ça fait que je pourrai t'expliquer cela à dix francs l'heure quand

tu auras fini ton interminable marchandage.
Voyons, dépêchons !... ça y est-il ?... hop !
hop !... Combien ?

Un nouveau déchirement se fit dans la
poitrine du marchand étouffé par le rhume.

— Gompien fiz fentez ? lança-t-il au fort
de l'étranglement.

— Ce n'est pas une réponse cela, répondit
Octave avec pétulance. On vous demande
quel prix vous offrez. Vous ne comprenez
donc pas le français ?

— C'esdre à fiz te tire lé faleur dé mar-
jandise.

— Nom de nom de nom, sacra l'étudiant.
Toujours la même rengaine. Nous n'en finirons pas. Eh bien, là, au plus juste, la
marchandise vaut mille francs.

— Mille vrancs ! sursauta Manheim, avec
une expression de surprise désolée. Puis se
ravisant : Fu fiz amisez, ajouta-t-il avec bon-
homie, c'esdre te fodre âch', mais ça ne faut
bas drende vrancs.

— Trente francs, misérable ! hurla Octave

répétant le jeu du marchand. Mais regarde donc ! Il y a plus de trente pièces de vêtement qui l'une dans l'autre valent au moins cent sous.

— Alors je buis bas ajeder.

— Pourquoi ?

— Nus sommes drop loin te compte.

On parlementa ainsi pendant quelques instants, chacun des deux adversaires connaissant le prix des paroles inutiles dans un débat de cette nature. Puis le marchand fit mine de quitter la partie. Il se dirigea vers la porte et, la main sur le bouton, conclut par ce mot décisif :

— Garande-zing vrancs.

— Dix francs de plus et emporte.

Manheim, piteux, répondit d'une voix désespérée.

— Jé beux fraiment bas.

Esclave des traditions, le juif alors opéra la fausse sortie et bientôt rouvrant la porte il reprit ses propositions.

— Jé tonne zingante vrancs, mais fiz tonnez un fieil jabeau.

— Tope, s'écria Octave, joyeux. Je vais le chercher, ton chapeau.

— Je brend lé goffre afec, recommença Isidore.

— Oh ! ça, non, mon vieux. Six francs la malle.

— C'esdre dud ma pénéviz. Jé bayé drop ger.

— Tu m'embêtes à la fin, père la Carotte. Tu as dit cinquante francs, fais voir tes philippes et cueille les frusques, je garde la malle.

Manheim toussait à fendre l'âme et reprenait le chemin de la porte, répétant pleureusement :

— Beux bas... ma pénéviz, beux bas... ein monsir gomme fu beut pien vaire kaigner eine bièce de drénd'sous à ein bofre homme... C'esdre ma pénéviz...

Alors l'étudiant, de guerre lasse, céda la malle dans laquelle Isidore empila les vêtements. Ensuite commença le scrupuleux examen du vieux chapeau. Quoiqu'il valût infiniment mieux que celui qui coiffait sa tête pointue, le lamentable Isidore ne se lassait pas de témoigner sa déception devant une aussi mince défroque. Pourtant, toujours geignant, il reçut la clef de la malle qu'il fit jouer en maître dans la vieille serrure, et, quand il eut fermé.

— Fiz hallez pien m'ageder ein bedid joyau pir la chendil montemissel Vlochisdic, dit-il avec l'ironique cruauté du Levantin qui tient sa vengeance.

Pris au traquenard de la galanterie, Octave s'exécuta noblement. Isidore ouvrit la boîte noire, disposa en bonne place les tablettes couvertes de velours, sur lesquelles brillait sa camelotte dorée et commença, vis-à-vis de l'étudiante, la scène des séductions.

Celle-ci fut modeste, et choisit un mince cercle d'or qu'elle mit autour de son bras, puis une bague bleue pour porter la chance. Elle avait encore bien envie d'une broche en forme de cœurs transpercés et d'une boucle de ceinture, mais ça aurait dépassé la somme due par Isidore et la bonne fille voulait qu'il restât de l'argent à son ami.

Aussi Manheim se vit-il contraint de poser sur la table douze francs cinquante, solde de son double marché.

Il se sépara en soupirant de sa précieuse monnaie blanche et jura, en toussant, qu'il y perdait, mais qu'il était *gondent* d'avoir fait plaisir à une si *chendil montemissel*.

Ce résultat final ne faisait pas l'affaire d'Octave. Il trouvait la somme un peu courte et, décidé à l'accroître, il proposa une dernière opération :

— Tu sais, mon vieux, dit-il à Isidore en montrant la malle géante, ça, c'est les habits de mon oncle à la mode de Bretagne, mais j'en ai moi, et de *chnupés*, si le cœur t'en dit.

Manheim tordait le nez. Octave ouvrait les placards et le marchand se mit à fouiller sans conviction simplement pour voir s'il ne trouverait pas quelque chose à son gré. Il ne trouvait rien, mais il raflait tout.

Puis après un marchandage interminable, parfaitement semblable au premier, il déposa son nouveau butin dans la caisse qui ne consentit plus à se fermer. Cependant, à force de tasser, on en vint à bout et tôt après il y eut sept francs de plus sur la table.

Enfin, c'était fini ! On pouvait se donner de l'air. Octave empocha son argent. Phlogistique se leva, montrant sa belle dentition visiblement impatiente et l'on se disposa au départ.

Mais il était écrit qu'une si longue comédie ne pouvait, malgré son double dénouement, se terminer encore et les étudiants, ayant jeté les yeux sur Isidore, comprirent que ce grand acteur de petit commerce leur réservait un joyeux épilogue, en compensation, sans doute, du triste marché dont Octave était victime.

Le bonhomme avait lentement, d'un air anxieux, serré les anneaux de vitrage qui servaient de coulants à sa bourse, puis, méditatif, il avait enfoui l'objet dans la profondeur de sa poche et maintenant, absorbé par les difficultés de quelque solution cherchée, il tournait, avec hésitation, autour de cette monstrueuse malle, si pleine et si lourde, dont il était propriétaire.

Il vit qu'on l'examinait, et il toussa, tournant toujours.

— Jé fais engore èdre opliché de brentre eine fôtéure bir l'emmener, dit-il avec le désespoir d'un infortuné qu'un dernier malheur assomme.

Et les jeunes gens se gaudissaient de voir le pauvre diable aux prises avec les cornes également redoutables de ce dilemme : enlever ou payer.

Mais la terrible quinte de toux devint alors si cruelle qu'Isidore dut s'asseoir un instant pour lui laisser cours.

Quand elle le laissa, crachant, mouchant, pleurant, suant et soufflant, enfin presque mourant :

— Jé fais, dit-il en montrant le formidable coffre, le drainer sur le garré ; jé fientrai gerger les habits beu bar beu et l'emborderai quand sera fide.

— C'est votre affaire, ça, répondit gravement Octave, mais je dois vous prévenir que l'escalier n'est pas sûr.

— Bas sûr ! répétait machinalement le bonhomme tout occupé ailleurs de corps et d'esprit, car il rouvrait sa caisse et trouvait moyen d'y faire tenir la boîte à bijoux, le paquet de jonc et le pantalon qu'il portait en sautoir. Puis il refermait en répétant :

— Bas sûr ! d'un air consterné.

— Pas sûr du tout, insistait Octave, il paraît que, dans le temps, on y a volé à main armée les savates du propriétaire, qui ne valaient pas grand chose. Zuze un peu, mon bon, si ç'avait été une arche de Noé tout emplie de richesses comme voilà ta malle.

Le bon Manheim, complaisant à la blague de l'étudiant, très indifférent aux dangers de l'escalier, mais toujours sérieusement chapitré par la grosseur de son butin, le soulevait tantôt par un bout tantôt par l'autre avec une attention scrupuleuse.

— Ça n'est pas lourd, insinua le bon raillard Alfred, c'est tout bénéfice.

Isidore ne daigna pas répondre. Absorbé par ses études sur la pesanteur, il continuait consciencieusement ses soupèscments partiels.

—Si jé boufais la jarger zur mein tos, jé l'emmènerai pien zusg'au bremier, dit-il en mode de réflexion, ça serait t'audand te kaigné.

— Qu'à cela ne tienne, répondit Octave réjoui de tant de simagrées, nous allons vous aider.

Alors, pendant que les deux bons apôtres soutenaient la malle aux deux tiers dressée, Isidore s'agenouilla sur le carreau et se glissa, à quatre pattes, sous le faix que les étudiants laissèrent aussitôt retomber sur sa maigre échine.

— Y êtes-vous, mon brave homme?

— Voui.

— Alors, allez-y !

Mais le malheureux, pris comme un rat sous un quatre de chiffre, faisait de vains efforts, en glapissant :

— Vaudrait sulfé bar téfant.

— Ah ! bien, parfaitement, répondait-on.

Malicieusement ils ne se pressaient pas de continuer leur concours, trop heureux de contempler les soubresauts imprimés à la malle par leur souffre-douleur.

Cependant, sur un geste de pitié échappé à Phlogistique, ils se décidèrent et Manheim fut bientôt sur pied.

Il oscillait, croulant sous le poids. Pourtant, après avoir bien équilibré la masse, il put marcher mais avec de tels sifflements de poitrine et d'un jarret si titubant, que nos jeunes bourreaux l'accompagnèrent jusqu'à l'escalier pour assister à son effondrement sur les marches. Le portefaix poitrinaire, déjà sans doute accoutumé à son fardeau, comptait bien ne pas les régaler d'un tel spectacle. Il empoigna fortement la rampe et commença la descente d'un pas assez ferme qui devint plus sûr et rapide à mesure qu'il s'éloignait.

— Vous êtes au premier, cria Octave, en le voyant continuer au delà.

— Jé sais, répondit Manheim, mais je brévère la mettre chez le goncierge.

Et il fila si allégrement que les étudiants, se méfiant de la sincérité de cette déclaration, se précipitèrent vers la fenêtre. Bientôt, du haut de cet observatoire, ils aperçurent la bienheureuse malle qui courait comme un lapin le long des murailles. Par-dessous flottaient les pans du manteau d'Isidore, soulevés par la rapidité de son allure.

— C'est la fin de la chanson! lança dans l'espace, Octave faisant un cornet de ses mains.

Et de rire.

— Cependant, conclut Alfred qui étudiait la médecine, c'est vrai qu'il est malade et ne peut pas se traîner quand il n'est pas exalté par le poids du butin.

— Soyez donc matérialiste ! ajouta son ami.

Sur ce, Phlogistique coupa court aux commentaires physiologiques, en s'allant, à deux bras, suspendre au cou d'Octave et lui soufflant dans le nez.

— Mon Couin-Couin, est-ce que tu n'as pas faim ?

— Fin comme un cheveu, mon ange.

— Oh ! pas tant que moi, alors.

— Tu as donc faim comme toute une perruque.

— Je ne sais pas exactement comme quoi, mais, vrai alors ! je mangerai bien quelque chose de plus.

— Bigre ! s'écria Alfred, dépêchons-nous. C'est contagieux et, si nous tardons, la dimension de nos creux va gêner la circulation.

.I

LE TESTAMENT D'YBARZABAL

Le lendemain, au même endroit que la veille, Octave et Isidore se retrouvèrent nez à nez.

— C'est le ciel qui t'envoie, mon vieux, s'écria l'étudiant, tu vas m'acheter quelque chose.

— Fu hafez engore reçu tes habits?

— Non, mais ça ne fait rien.

— Alors, qu'est-ce fis fulez fendre?

— Nous chercherons.

— J'ai gergé hier. Fu havez blis rien.

— Allons donc, tu verras, en fouillant à fond.

— C'èdre bas le beine te mondir, fit en ricanant le doux Isidore.

— C'est toujours la peine avec moi, gros naïf. Tu sais bien que lorsque j'ai besoin d'argent on ne perd pas son temps là-haut.

Manheim était d'un scepticisme décourageant.

— Eh bien, dit l'étudiant décidé à vaincre cette inertie, si nous ne trouvons rien, tu me prêteras quelques écus sur les bijoux que tu as collé hier à Phlogistique. Je touche mon mois après-demain, je les dégagerai.

— Gu'est-ce gué fiz fulez pien que je brède la-tessus? répondit le marchand avec une lippe dédaigneuse.

— Ce que ça vaut, grand serin.

— Ça faloir bas audant bir bréder que pur fentre.

— Enfin, si tu ne veux rien prêter c'est que ça ne vaut rien, vieille canaille, alors je vais te faire arrêter.

— J'ai bas tid que ça fallait rien. Faides estimer. Ça faut blis que afez bayé, et si ça n'afait bas édé pur montemissel Vlochisdic, qui est eine dame pien chentil, j'aurai bas tonné à ce brix-là.

— Eh bien ! si la demoiselle t'intéresse, tu n'as qu'à te dépêcher de monter avec moi pour éviter un malheur.

— Ein malheur !

— Parfaitement ; cette chère petite a besoin d'aller ce soir à l'Ambigu pour verser des larmes. Si tu fais la bête, elle gardera ses pleurs, ça l'étouffera, elle en mourra et tu en seras cause.

— Oh ! fit Isidore, avec un air de tendresse béate, che lui feud bas tant té mal, la bauffre !

Sur ces mots, il suivit Octave et réescalada l'escalier, en geignant et soufflant de grand ahan.

Phlogistique n'était pas là et les armoires étaient d'un vide ! Cependant, à force de gratter tout et partout, on fit un tas de quelques hardes assez consciencieusement usées auquel on ajouta quelques chemises et vieilles bottes. Isidore voulait surtout ce que réservait l'étudiant, ses faux cols, son chapeau neuf, son vêtement des grands jours. Le reste, pour lui, n'existait pas.

Ils attendirent ainsi en chicanant, la venue de Phlogistique sur les trésors de laquelle il était urgent de se rabattre et la belle tardait beaucoup. Pourtant elle arriva, toute radieuse mais sans bijoux. Elle avait eu des raisons avec sa logeuse et l'avait balancée, comme elle disait en son langage. En conséquence elle venait se réfugier chez Octave. Un commissionnaire la suivait portant sa caisse et son carton à chapeaux.

— Enfin ! c'était pas trop tôt ! Elle était débarrassée de cette sorcière qui n'était qu'une chipie, mais elle avait lavé les bijoux pour payer son terme.

L'embarras fut grand.

Comment aller à l'Ambigu ?

Manheim ne donnait que trois francs du tas.

Octave fit avancer la réserve. Il décrocha l'habit neuf, dont il obtint *une bièce té vuid vrancs.*

Le total était loin de suffire, car il fallait avant d'entrer au théâtre acheter des gants à Phlogistique et dîner au boulevard, pour que la fête fût complète.

Octave consultait la grisette dont la malle venait d'arriver, écornant son capital du salaire dû au porteur.

— Tu n'as rien à vendre à Isidore? lui disait-il. Tu me prêterais l'argent jusqu'à jeudi.

— Je ne crois pas, répondait la petite qui ne semblait pas adopter avec enthousiasme le plan de son amoureux.

Cependant, elle ouvrit la malle et déplaça quelques objets, ne trouvant à offrir qu'un éventail cassé, une paire de souliers plats et quelques loques de fausse dentelle.

— Cherche bien, disait Octave impatienté, tu ne fais que chipoter le dessus.

— Faudrait tout ôter, alors, répondait Phlogistique.

— Eh bien! ôte tout, parbleu!

Elle commença donc à déballer mollement

d'assez bonnes nippes qu'elle rangeait avec soin dans le placard, posant à part les chaussures, et sur la toilette les menus objets.

Au cours de cette mise en ordre, elle jeta sur la table une bizarre poche en peau de daim, dont le contenu rendit un son métallique.

— Qu'est-ce que c'est que cela ? demanda Octave.

— Ça, répondit la demoiselle, montrant toutes ses dents, découvertes par un faunesque sourire, c'est ma fortune ! c'est le testament de mon oncle Ybarzabal.

— Ybarzabal ! s'écria Manheim ouvrant de grands yeux égarés. Le fieil Ybarzabal ! té rue tu Caërnan ?

— Il n'y en a pas deux, peut-être, répliqua la jeune femme amusée de l'émotion du marchand.

Manheim demeura béant, puis, tout à coup, comme inconscient de l'attraction qui le faisait mouvoir, il étendit, vers l'objet qui avait déterminé l'incident, sa longue main squelettique, rongée de crasse.

— Fu bermédez, montemissel ?

Et, nerveusement, sans se préoccuper d'une réponse, il fit voir le jour à sept ou huit plaques minces d'un cuivre terne, égratigné de signes bizarres.

Poursuivant avec avidité son examen de somnambule, Isidore découvrit bientôt, entre chaque lame, un feuillet de parchemin couvert de caractères hébraïques et, en tête du premier, il lut distinctement :

TESTAMENT D'YBARZABAL
MINISTRE SUPRÊME DU ROI DES ROIS
TRADUIT
LITTÉRALEMENT DE L'ARAMÉEN.

Alors, il crut tomber en faiblesse, des chaleurs moites parcoururent son échine. Ce n'était plus l'hébreu qu'il lisait, c'était, en lettres de feu, le « Tu seras roi ! » des sorcières qui lui brûlait ses paupières saigneuses.

Subitement, la réaction se fit. Une grosse larme sillonna sa joue, laissant en blanc la trace de son passage et, après s'être balancée aux rudes crins d'une barbe de trois jours, vint tomber sur le testament.

— Il est donc mort! articula-t-il sourdement.

— Depuis huit ans, intervint Phlogistique.

Isidore, toujours hypnotisé, sembla ne pas entendre.

Les deux spectateurs, allumés de curiosité gamine, suivaient attentivement la scène.

Le juif ne les voyait pas.

Il y eut un silence, après lequel Isidore continuant :

.— Un homme si capable !... Je groyai bas qu'il zerait mort .. puis, par acquit de conscience, il ajouta : au moins si tôt!

— Mais il avait quatre-vingt-seize ans, mon brave!

—C'édécal, répliqua Manheim répondant comme à soi-même, il mangeait si beu! et il avait tûchurs édé si fieux !... afec son crand parp' et sa lévite ferd'... y avait bas té raison.

— Vous le connaissiez donc bien ? interrogea de rechef l'étudiante.

Une nouvelle couche humide voila les yeux de Manheim. Il serrait dans ses doigts crispés le paquet de cuivre et le haussait vers sa face comme s'il eût voulu le manger.

— Si je le gonnaissais ! prononça-t-il d'un air de plus en plus aliéné, c'est lui qui m'a enseigné... Le pôvre !... Il fenait me jerger le matin dans le ruisseau de la rue Bouhaud où on jouait devant la porte et je l'entends engore me crier après : « Véga ! marche-moi ici, pincouney ! viens-t'en étudier ta Thora !... et je vous f.... mon billet que je ne cagnais pas... C'est qu'il ne côyâunait pas, le vieux !

Un double éclat de rire interrompit les remembrances d'Isidore.

— Comme vous parlez bien *le Midi !*

— Vous vous appelez donc Véga ?

— Féca tid Manheim, répondit le bavard d'un air innocent, en mordant sa langue traîtresse. — Manheim à Bâris, barce gue ça tonne blis gonviance.

Les rieurs se tordaient. Mais pendant qu'Octave gigottait, vautré dans un fauteuil,

3.

Phlogistique tirait sur le testament, puissamment pris aux serres de Manheim ; celui-ci résistait et, rustrement, le dégageant d'une saccade :

— Dranquille tonc ! dit-il férocement. Je tonne vingt francs du cuivre.

Cette offre énorme ayant écarquillé les yeux du couple, Manhein remordit sa langue et ses lèvres avec, maudissant l'indomptable passion qui venait encore de le compromettre et il se reprit au sentiment des affaires, d'un tel mouvement de volonté, qu'il se sentit assuré désormais de ne plus commettre la moindre faute.

Aussitôt donc, pour corriger l'effet de sa proposition, et ne daignant plus germaniser son accent :

— Ça ne vaut pas deux sous, dit-il, mais pour avoir quelque chose du vieil ami, je donnerais ma chemise.

— Tu en portes donc, Véga? ricana Octave.

— C'est une façon de parler, répliqua bonassement Isidore. Et avec son cruel sourire :

C'est bon pour les fils de millionnaires, ajouta-t-il.

Mais l'étudiant avait trop bien saisi la manifestation du désir avide pour ne pas essayer d'en tirer profit.

— Donne cinquante francs, dit-il, et prends ton cuivre.

On lui répondit par un regard douloureux ; la toux déchirante vint se mettre de la partie. Manheim lâcha le testament.

— C'est bête le sentiment, soupira-t-il, je ne suis pas assez riche pour m'en payer.

Ayant fait une pause visiblement consacrée aux regrets :

— Après tout, reprit-il en faisant contre fortune bon cœur, rien ne prouve que ça ait appartenu à Ybarzabal.

— Comment ! se récria Phlogistique indignée, ma grand'mère Rébecca était sa sœur, je suis la dernière de son sang et je tiens cet objet de ma mère.

— Possible, répondit negligemment le vieux renard.

— Allons ! prends-le pour vingt-cinq francs ! lança Octave dont l'espérance s'écoulait.

— Mais non. Qu'est-ce qui te prend ? répondit vivement Phlogistique. Je ne veux pas le vendre. Ma mère m'a fait jurer de ne jamais m'en séparer.

— En voilà des bêtises ! répliqua l'étudiant. Comme s'il ne vaut pas mieux aller à l'Ambigu que de garder cela toute sa vie au fond d'une malle.

— Eh bien, tiens, si c'est mon idée !

Manheim, au fond très perplexe, restait là planté, cherchant un prétexte pour renouer. Sa figure était merveilleusement impassible.

— Voyons, Phlogistique, donne-le-lui.

La petite faisait une moue revêche.

— Eh ! bien, autre chose, continua le jeune homme, je touche mon mois après-demain, tu le rachèteras à Manheim pour trente francs.

— Je veux bien, dit celui-ci, mais à une condition : vous me laisserez l'étui pour que j'aie quelque chose du pauvre vieux.

Après maintes sollicitations, dans lesquelles le mot magique : Ambigu ! résonna souvent, la grisette se décida et Manheim lâcha ses vingt-cinq francs. Mais il dut, à plusieurs reprises, affirmer solennellement qu'il garderait précieusement l'objet, jusqu'au jour du rachat prochain.

Bonheur ! ! il le tenait ! et pour maintenir ses nerfs frémissants il faisait plus d'efforts qu'il n'en avait fallu pour enlever la grosse malle. Ses doigts, malgré lui, se crispaient sur l'enveloppe, ses muscles faciaux subissaient des tiraillements despotiques, ses yeux voulaient pleurer et sa bouche rire, sa gorge voulait chanter.

Pourtant, il sortit d'un pas tranquille. Mais, aussitôt dans la rue, il ne put tout à fait se contenir. Les mouvements les plus incongrus lui échappaient.

— Le pôvre ! Le pôvre, mâchonnait-il.

Et ses jambes le pressaient. Il sentait, par échappées qu'il allait sauter et crier. En approchant de sa demeure, il avançait d'un pas

énorme, d'une vitesse croissante, bouscu-
lant et bousculé, cognant le mur, piaffant
dans l'eau, suant, geignant, reniflant, et remué
jusqu'au fond des entrailles, par son désir
dictatorial.

Sa femme Elisa, qui causait avec une voisine, sur la porte du vis-à-vis, l'aperçut et
crut à quelque malheur. Elle le regardait
courir, fixée au sol par la stupéfaction. Lui,
sans la voir, continuait son train. Les épaules hautes, le cou tendu au vent, le chapeau,
dont la coiffe décousue était restée sur le
front, pendant en arrière, Isidore semblait tiré
en avant, plus fort qu'il ne pouvait aller, par
son long nez rouge qui pointait loin devant
lui, orné par le froid d'une grosse goutte
claire. La boîte noire ne disloquait plus ses
jointures, il la tenait sur la poitrine en pendant au paquet de cannes, et ses bras soulevés semblaient, à travers l'étoffe du manteau,
supporter ainsi deux énormes mamelles. Le
pantalon à carreaux ne flottait plus sur le
dos. Le désordre était complet.

— Qu'y a-t-il Zidore? fit-elle essoufflée en l'attrapant à la course.

—Silence, femme! répondit-il sans s'arrêter. Le Seigneur a visité notre maison.

Elle eut un serrement de cœur.

Son homme n'était plus dans son bon sens.

Comme il était fait!

Qu'est-ce que ça voulait dire, sa réponse?

Bien sûr qu'il ne pensait plus à l'argent; il avait la voix d'un inspiré.

Ah! s'il se détraquait, à présent, qu'allait-on devenir?

— Zidore! Zidore!

Il poursuivait sa route, l'œil hagard,

— Zidore! Zidore!

Elle s'accrochait à son manteau.

Il la remorquait sans prendre garde.

— Isidore, tu vas m'expliquer.

— Non, répondit-il en tirant brutalement son manteau.

Elle faillit tomber et poussa un cri.

Il lui jeta un regard féroce.

Elisa pâlit. — Jamais il n'avait été ainsi.

Il y avait un malheur sous roche. — Si ç'avait été quelque chose de bon, est-ce qu'il ne s'en serait pas vanté ? — C'était quelque catastrophe ! — Il avait fait un mauvais coup !

On ne se sauve pas ainsi... comme un voleur !

L'affolement de son homme la gagnait. Sa cervelle méridionale prit feu. Elle eut coup sur coup des imaginations insensées. Mais elle vit tout en noir. Un spectre : La misère ! se dressa devant elle dans sa hideur vertigineuse. — Il les avait ruinés. — Avoir tant pâti ! — Ah ! maman !!

Eh bien ! là, non, elle ne voulait pas. Elle en avait aussi trop subi, depuis le temps, pour que ça finisse de la sorte. Non, non et non, nom de nom. — S'il fallait lui retourner la tête à l'endroit, à ce maniaque, c'était son affaire. — Elle allait te le remettre dans le bon chemin.

Cependant sa révolte ne pouvait soulever son anxiété, et, rageuse mais aussi désespérée, elle le suivit à grand'peine, traînant habilement ses savates qui menaçaient de la quitter et se précipita, sur ses talons, dans la soupente aux odeurs grasses.

— Ah ça, dit-elle après avoir fermé la porte, qu'est-ce que c'est que ces simagrées ? Et se plantant. devant lui l'œil animé, le poing aux hanches, — qu'est-ce que tu viens fiche ici, ajouta-t-elle, est-ce que tu as fini ta journée?

— Oui, répondit-il d'un coup de voix bourru, et, peut-être, c'est la dernière fois que je suis été pour vendre.

— Toi! tu as donc fait ta fortune aujourd'hui?

— J'ai, probable, perdu vingt-cinq francs.

Une rougeur de honte et de colère monta aux joues creuses d'Elisa.

Vingt-cinq francs! répéta-t-elle prête à éclater en paroles.

— Ah! je les regrette bien, prononça aussitôt le mari, sentant la nécessité d'une excuse, mais que veux-tu? Il s'agissait de *la Nation.*

— *La Nation! La Nation!* glapit Elisa sur

deux tons merveilleusement ascendants. De qui tu te fiches? Je t'en ficherai de *la Nation!* Est-ce que c'est *la Nation* qui nous.fichera du pain?

— C'est moi, probable, qui lui en donnerai.

— Tu ferais ça, toi! canaille!

Cette idée de donner, monstrueuse et païenne, de donner à des foules pendant qu'on la privait de tout, lui détraquait quelque chose dans l'entendement. Elle lâcha l'écluse aux pleurs, aux sanglots, aux mauvaises paroles.

— Aïe! aïe! aïe! pauvre de moi! vagissait-elle, pauvre de moi!... Qu'allons-nous devenir?... Ah! maman, ma maman, ma pauvre mama!

Et sa lamentation verbeuse se rythmait en intonations dolentes, coulant d'un flot traînard, constant, inépuisable.

Isidore laissait passer avec un rictus méprisant.

Pourtant, quand il en eut son soûl, il coassa doucement.

— Voyons, assez causé, laisse-moi, j'ai besoin d'être seul.

Ce calme fit l'effet d'un coup d'aiguillon.

Alors, c'était dit, et même elle ne saurait rien. Eh bien, attends un peu !

Subitement, la jérémiade se transforma en invective. En un tour de main, ce brave Isidore, martyr d'une foi profonde, devint : l'andouille, le vieux pouilleux, le ramolli, une espèce de grand arpaillan, d'acabaïre, de galapian, un puant rague-denaou, un traîne la groule, etc., etc.

Ça claquait comme des balles. Il en arrivait par volées, à pleines mains, à pleins paniers, à charretées, et tant et tant, qu'elle s'étranglait.

Alors Isidore saisissant un joint :

— Tu n'es pas raisonnable, Elisa, insinua-t-il avec une onctueuse indulgence. Puisque je te dis que j'ai besoin de travailler.

Vraiment il n'avait pas de chance à trouver des raisons. Celle-ci souffla sur la braise.

— Travailler! hurla-t-elle en triple su-
raigu et en bondissant sur le pauvre homme
qu'elle poussa héroïquement vers la porte.
Travailler! c'est pas ici qu'on travaille, sale
feignant! C'est dans la rue, argagnasse! Et
marche-moi dehors!... Voyons voir, un peu,
si tu vas tacher moyen de te balayer de mon
carreau... truandailles!

Elle le bousculait, le retournait comme
une furie, lui collait son chapeau sur le crâne,
lui flanquait sa boîte et ses joncs sur les bras
pendant que, de sa bouche envenimée, jaillissait toujours le torrent.

Pourtant comme elle n'arrivait à rien, elle
se planta devant Isidore, rouge, échevelée,
dépoitraillée, la larme à l'œil, la bave aux
lèvres, montrant ses griffes.

Il ne broncha pas. Elle hésita.

Mais elle se vengea de sa couardise, en
tirant des derniers replis de son cerveau une
dernière injure invraisemblable.

Elle l'appela : Adultère !

Ce fut, pour Isidore, une révélation. Il

comprit que ni la patience, ni l'autorité ne suffi-
raient à le débarrasser d'une épouse montée
à un tel diapason et il se décida aux aveux.

— J'ai trouvé le testament d'Ybarzabal,
dit-il simplement.

Elle s'arrêta comme douchée par ce grand
nom, mais secouant aussitôt sa surprise :

— Et p'i de quoi? répliqua-t-elle.

— De quoi? mais c'est la fortune et tout,
car c'est moi qui hérite si tu me laisses ma-
nœuvrer.

— La fortune! dit-elle dédaigneuse mais
déjà encuriosée et baissant la voix. Ton Ybarzabal vivait d'aumônes chez Lope le Tort. Il
est mort mangé aux puces.

— C'est vrai, mais je vas te dire. C'est
qu'il n'avait pas fini sa traduction, le pôvre!
C'était dur à deviner, les lettres, la langue,
le sens. Pourtant la dernière fois que je l'ai
vu, il en savait assez pour être sûr d'arriver, et
ce qu'il m'a dit, je l'ai retenu : « Quand ça sera
« fini, on aura la clé du trésor universel. »
Femme! ajouta Manheim quittant le ton

bonhomme pour celui de l'orateur sacré, femme ! sois sage, je tiens cette clé et ne la lâcherai que lorsque j'aurai ouvert.

Elle n'était pas convaincue, mais ces grandes choses mystérieuses jointes au souvenir du légendaire Ybarzabal, la déprimaient. L'assurance et la ténacité d'Isidore paralysaient son élan. Sans entrain, sans espoir, par acquit de conscience et jouant des derniers ressacs d'un flot maîtrisé, elle épuisa ce qui lui restait d'ardeur belliqueuse et rompit quelques dernières lances en faveur du pratique gagne-pain. Vains efforts ! L'homme avait repris son ascendant ordinaire, rien n'était capable de l'entamer.

Elisa sortit donc la mort dans l'âme et, pendant qu'elle allait en course, le cœur gonflé, Isidore s'assit grave et recueilli. Puis après avoir élevé les yeux et les mains dans une invocation si grande qu'elle dut rester muette, il entama sa lecture.

Et voici ce qu'il épela, rappelant, parfois avec effort, les leçons du vieux traducteur :

VOICI CE QUE DIT

YBARZABAL,

FILS

DE NABU-SAR-NISIR,

Autrefois chef des pontifes et greffiers, maitre de la canne [1] et trésorier du Grand Roi, sar [2] des légions d'Assur [3],

vainqueur
des Dhours et des Khétas.

Maintenant réfugié près du cohène-hagadol [4] en la cité d'Iérouschalaïm [5].

1. Mesure.
2. Général en chef.
3. Assyrie.
4. Grand prêtre des tribus d'Israël.
5. Jérusalem.

Lorsque Rahel, fille de Cesdras, plus belle que la nuit sans lune, fut arrachée de mes bras, le courant indomptable de mon amour régnait dans toute sa force.

J'ai hurlé de honte et de désir, j'ai tout tenté pour la reprendre, mais comme je n'ai pu atteindre sur son trône le tout-puissant ravisseur, j'ai senti la mort couler dans mes veines.

Alors, devant toi, Nébo[1]! j'ai fait serment de vengeance et suis venu vers vous, fils de Iéouda[2].

Tapi dans mon dernier asyle, j'ai évoqué ma science et cherché le moyen de détruire dans l'avenir, la puissance que je ne pouvais vaincre dans le présent.

Je l'ai trouvé.

J'ai composé le dissolvant du sceptre.

Désormais la race des Ases aux longs bras, aux yeux de lotus, est dépossédée du pouvoir qu'elle supposait à jamais acquis.

En vain, s'appuyant sur sa vaillance et son génie de gouvernement, s'efforcera-t-elle de maintenir intact l'héritage transmis, il s'émiettera dans ses doigts et la portion qui lui en sera laissée fera son désespoir et marquera sa déchéance.

Car j'aurai tenu mon serment.

1. Divinité assyrienne.
2. Juda.

Parce que j'ai habité sous tes palais et sous tes tentes, ô Iéouda! je te connais et je sais que tu es l'instrument dont un cœur comme le mien doit attendre sa vengeance.

J'ai donc enseigné tes cohènes et tes nazirs ; mais, comme tu as la tête très dure, comme tu oublies sans cesse la direction et te laisses détourner du but le plus sacré par le moindre miroitement d'or, alors j'ai tracé l'enseignement sur l'airain, afin qu'il demeure.

Au nom de cette parole que je te laisse, tu abandonneras un jour toute prétention à détenir un sol et administrer un royaume, pour obtenir, sur tous les empires, une souveraineté fragmentaire et cachée, mais infaillible, universelle, et illimitée dans le temps.

Sache dès à présent pourquoi, et ne te cabre pas devant la vérité de ma bouche, car celui-là seul qui subit la Vérité atteint la Réalité.

En dépit des mélanges qui parfois ont pu anoblir ton sang, tu resteras éternellement l'esclave, fils d'esclaves chassés, comme impurs, du pays de Mizr [1].

La création d'un État indépendant est au-dessus de ta force.

Tu ne saurais inventer l'art difficile du gouvernement, toi qui n'inventes rien ni dans l'œuvre matérielle dont tu te désintéresses, ni dans l'ordre du concept où tu te contentes de quelques rapsodies maladroitement dérobées à nos lettrés.

Tu ne saurais davantage l'apprendre d'un maître.

Comment ferait-il pénétrer les hautes et complexes notions du pouvoir, jusqu'au fond de ce crâne pétri d'obscurité?

L'instinct suit son cours incapable d'éducation.

1. Mizr, Mizraim: Égypte.

Regarde comme tu n'apprends rien !

Depuis que tu fais construire par des étrangers tes palais et tes temples, tu n'as pu retenir d'eux ce qu'il faut pour les construire toi-même.

Sauras-tu jamais donner à la pierre la forme des dieux et des animaux, ou fixer avec la couleur les représentations de la vie?

Tu ignores l'art des spectacles, et tes poètes, étrangers aux combinaisons les plus élémentaires, n'ont pu dépasser l'invective ou la plate louange à Iahvé [1].

Qu'enseigne-t-on dans tes écoles?

S'occupe-t-on des métaux et des mélanges, des machines et des voûtes, de la connaissance des astres et de la façon de fixer par eux la position des lieux de la terre?

Enseigne-t-on l'art de combattre et de régir? l'art de bien dire et de chercher la vérité avec méthode?

On n'y professe que la chicane.

On argumente pendant des siècles sur la position d'un signe dans l'écrit d'un nazir ayant prêché à des prudents quelque prudence supérieure.

1. Jéhovah.

Non seulement tu n'apprends rien, mais tu oublies sans cesse les instructions les plus simples.

Vois comme Osarsiph[1] a dû te faire, à ton image, un dieu simple et cruel. Les subdivisions de la puissance éloïmaire eussent fait éclater ton front étroit.

Les quelques parcelles de la science de Mizraïm auxquelles il a dû se borner, il a fallu les inculquer dans ta race, par la faim, la soif et le sang.

Les as-tu pourtant gardées en toi?

Tu passes la vie à te laisser séduire par tout ce qu'il y a de bestial.

Tu te prosternes devant des génitoires.

Tu égorges abjectement devant Molok[2].

Tu t'exténues devant tes arbres phalliques, et dans l'infécondité de tes qédeschim[3] stercoraires.

1. Nom du prêtre héliopolitain que les livres juifs appellent Mosché et les traductions Moïse. (Extrait de Manéthon par Josèphe. Contre Appion. liv. 1).
2. Dieu de l'infanticide.
3. Jeunes garçons consacrés à la prostitution.

Que t'est-il resté de tes relations avec Assur et Mizraïm ?

Le peu que tu avais admis s'est écoulé de toi. Il n'est resté que le mépris farouche que tu professes pour leurs grandes races.

On blasphème surtout ce qu'on ne comprend pas.

Et tu ne t'es jamais montré apte à subir d'autre influence que celle du pays de Zour [1], où les marchands, ivres de lucre et d'avidités charnelles, se vautrent dans la matière, au milieu d'un peuple d'esclaves et de matelots ramassant au loin sur les rivages tout ce qui traîne de lâcheté, de bassesse, de cruautés ignobles et l'impureté de tous les sangs, pour les rapporter aux autels de leur Aschtoreth [2] et de leur Molok, les dieux de ta tendance, ô Iéouda !

1. Tyr.
2. Vénus impudique.

Non, tu ne régiras jamais la terre avec de telles insuffisances et de tels penchants.

Tant qu'il y aura des fils de mes pères, ils tiendront le sol sous la conquête avec les plantes, les bêtes et les populations qui y séjournent attachés. Ils y sont prédestinés par leur force et le glaive ne les réduit pas, parce que c'est eux qui réduisent par le glaive. Nul ne leur succédera, et, après eux, s'ils succombent, le Touran[1] reprendra ses droits.

Mais en supprimant la fonction, on supprime le fonctionnaire, en la diminuant, on la diminue. Tu attaqueras la souveraineté dans son essence et les rois ne seront plus des rois.

C'est là que gît ma vengeance.

La part que je te réserve, dans le pouvoir démembré, est la seule à laquelle puissent suffire tes instincts : la soif de l'or surtout, qui te dévore comme le divin brûle les grandes âmes, et cet esprit de fraude innée qui proclame la Loi pour s'y soustraire, le sacrifice pour réaliser des profits sur celui qui s'y soumet.

1. Touran : Désert, état nomade.

Ecoute maintenant les moyens de ton règne.

Ce qui fait la nation libre, maîtresse d'elle-même, vivant dans sa force propre, sans le secours de suzerainetés accessoires, c'est la réunion aux mains du gouverneur des trois éléments qui constituent la PUISSANCE COMPLÈTE :

I

LA FORCE CONQUÉRANTE qui occupe le sol par les armes et le détient par l'administration.

II

LA FORCE RELIGIEUSE qui unit les conquérants dans le respect à la loi dé leur évolution et courbe les masses conquises dans la résignation et l'amour du génie ethnique qui les protège.

III

LA FORCE DE L'OR, par qui tout homme est libre un instant, par qui toute activité humaine est mise en mouvement.

Seule, la main des fils de mes pères est assez vaste et solide pour retenir le faisceau des trois puissances qui tendent à s'écarter afin de se surmonter l'une l'autre.

Seule, elle a pu fonder en Assur, en Mizraïm, en Arya-Varta (¹), des empires où se maintient *l'unité de puissance*, en dépit des oscillations passagères qui la transportent du Sar au Hiérophante.

Et elle se maintiendra toujours, si vous n'arrivez pas à comprendre ce que dit Ybarzabal,

1. Hindoustan.

La poursuite et le maniement de l'or comportent des vertus si peu hautaines, que cette puissance ne saurait tenter de s'affranchir tant que les deux premières restent unies.

On attaque ordinairement leur union par la promesse d'une *Incarnation divine*. Aussitôt, à la voix des précurseurs, les foules se soulèvent espérant un gouvernement exempt des vices humains ; les satrapes ambitieux s'autorisent de la fermentation pour se déclarer indépendants, et l'empire est compromis.

Mais il se reconstitue bientôt ; ou bien parce que le souverain se dérobe et transporte ailleurs sa capitale, laissant aux insurgés le soin de se détruire eux-mêmes dans l'anarchie, ou bien, parce que le triomphe de l'insurrection lui impose un chef qui de nouveau concentre les trois termes du pouvoir.

Et l'or continue à être dépendant, après avoir subi l'exaction.

Pour qu'il devienne libre, il faut constituer, à l'état permanent, la division des forces conquérantes et religieuses.

Vous y parviendrez par la promesse du Messie, et pourvu que la promesse ne soit jamais accomplie.

Vous serez les sectateurs du Messie qui ne vient pas.

Si vous aviez l'imprudence de dire un jour : Le Messie est né ! vous seriez écrasés par l'Empire, comme un insecte parasite, vous qui ne tenez pas devant quelques bandes de Philistins.

D'ailleurs, s'il était possible, le triomphe de votre Messie ne servirait qu'à dévoiler votre imposture, car vous auriez promis un règne parfait, et le monde continuerait à s'agiter dans la douleur et l'injustice.

Mais il viendra des gens qui diront : Le Messie
est né ! et, si vous dites comme eux, vous serez
confondus avec eux et participerez à leurs fortunes diverses, sans pouvoir désormais distinguer
la proie du chasseur.

*Car votre signe distinctif, c'est le Messie qui ne
vient pas.*

Il faut que ce signe fasse de vous une masse
inaltérable qui, semblable à un coin, empêche les
parties divisées de se rejoindre, et, lorsque le
Pontife des Messianistes groupera autour de lui
des chefs séparatistes, soutenez-les avec de l'or.
Mais retirez à temps votre appui et transportez-le
à l'Empire, dès qu'il courra risque d'être accablé.

Et, s'il succombe, ne désespérez pas ; étudiez la
compétition au pouvoir des chefs victorieux, favo-
risez le plus fort, luttant contre la coalition.

Cette oscillation peut durer toujours.

Ainsi, le terrain est préparé.

Vous n'avez plus qu'à apprendre comment on domine, au moyen de l'or, les puissances séparées, car ce n'est pas à des maîtres tels que vous qu'il faut enseigner l'art de l'accaparer.

Un instinct va mieux à son but que le dessein le plus réfléchi ; mais, comme l'instinct n'a d'autres fins que sa propre satisfaction, il rencontre pour obstacle la destruction de la substance sur laquelle il agit.

Méfiez-vous donc de la puissance du vôtre ; ayez souci de laisser de l'or libre ; le jour où vous le tiendriez tout, le monde en danger de mort vous supprimerait. Et toutefois, en limitant vos instincts, gardez-vous d'en diminuer l'énergie. Ne laissez point pénétrer en vous le sang étranger. Il viendrait un moment où l'or ne serait plus votre préoccupation exclusive.

Vous savez beaucoup en matière d'or.

Mais ce que vous savez ne dépasse guère en importance les procédés de l'insecte dont le produit est toujours à la disposition du Maître qui veut le prendre.

Que savez-vous, en effet?

Vous soustraire, par la fraude, à la loi qui régit l'acquisition de l'or, comme vous savez vous soustraire à toutes vos lois.

C'est votre éternelle méthode.

N'est-ce donc pas vous qui avez dit : Tu gagneras ton pain à la sueur de ton front? — Et vous n'avez jamais rien ouvré.

Vous avez écrit : Tu ne voleras point. — Mais quand il s'agit des vases d'or confiés à votre loyauté par les Egyptiens, vous dites que votre Dieu vous ordonne la spoliation.

N'est-ce pas vous qui avez établi le Jubilé, effaçant la dette? — L'avez-vous jamais appliqué comme créanciers?

Vous avez décrété le droit à la liberté pour l'esclave qui a servi six ans, — mais en gardant celui de retenir sa femme et ses enfants et de le laisser dehors, sans pain, afin qu'il ne puisse éviter de se rengager à vous, pour la vie.

Vous avez proclamé le devoir de protection à l'épouse. — Mais il restait entendu que le mari ne serait pas coupable, s'il la livrait aux réclamations de la luxure publique ou du Pharaon qui la trouve belle.

C'est vous qui avez établi le crédit personnel — en n'accordant à autrui que le prêt sur gage.

Aussi, la loi de l'or devait-elle produire des effets inverses suivant qu'on est ou non fils de Iéouda.

N'avez-vous pas, en effet, enseigné, que chaque médaille représente un travail accompli, dû par celui qui veut la posséder? Donc vous l'exigez de ceux qui demandent l'or, — mais où est le travail que vous avez fait pour acquérir celui que vous offrez?

Il est encore bien établi parmi vous, que celui qui emprunte doit, pour se libérer, tout le travail représenté par l'or, et un travail en sus pour le prêt. — En conséquence, votre emprunteur est condamné à livrer le fruit de sa peine. Son temps, son effort, ses talents vous appartiennent. En vérité! il devient votre esclave. Mais l'emprunt, source de ruine pour nous, est votre source de richesse, car vous savez nous prêter cher ce que vous nous empruntez bon marché.

Voilà ce que vous savez.

Cela suffit pour vivre sans produire, et du produit des autres.

Mais cela ne suffit pas pour régir.

Vous y parviendrez :

Si vous rendez tous les citoyens solidaires de la dette d'un seul.

Si vous comprenez comment on peut amener une nation à cette incroyable ineptie, de se prêter à elle-même l'argent dont elle a besoin, pendant que vous serez les agents et les arbitres du prêt.

Si vous apprenez à donner à votre cédule une valeur plus grande que l'argent d'autrui et à la cédule d'autrui une valeur moindre que votre argent.

Alors, vous percevrez indirectement et occultement l'*Impôt universel*.

La force qui vous l'assurera sera celle-là même qui pourrait percevoir l'impôt à son profit, et qui devrait protéger la foule des peuples contre votre parasitisme.

Voici comment vous procéderez :

Quand le souverain, entraîné par des goûts de faste, soumis à des besoins d'État ou appauvri par la mauvaise gestion, a besoin d'argent, il pense à l'emprunt qui va retarder, en l'aggravant, l'impôt qu'il n'ose.

Emprunter à son peuple, serait aussi absurde qu'impossible. Comment trouverait-il crédit auprès de ceux qui seront contraints au remboursement de la dette ? Ils sentiraient qu'il n'y a pas emprunt, mais impôt déguisé.

Alors, vous vous présentez, vous prêtez ce qu'on vous demande, non en argent, vous n'en avez aucun besoin, mais en cédules et vous obtenez, en échange, le droit d'emprunter au peuple une somme beaucoup plus forte. A votre voix, la foule attirée par le moindre bénéfice, accourt apportant son or que vous versez au souverain en retenant votre part.

Mais vous n'arrêtez pas là l'opération.

Vous pouvez, en diminuant le crédit que vous accordez à l'État, faire baisser la créance, alors vous la rachetez et quand vous la tenez, vous lui attribuez un grand prix. Aussitôt ceux qui vous l'ont vendue veulent la ravoir et la rachètent en vous enrichissant.

Et ce jeu de bascule peut se renouveler indéfiniment sans que le peuple s'aperçoive qu'il paye ainsi entre vos mains un impôt dix fois plus fort que celui qui aurait suffi aux besoins de ses gouvernants.

Dans cet ordre de spéculation il est nécessaire, ô Iéouda, de mettre en oubli quelques-unes de tes traditions trop étroitement parcimonieuses.

Ne crains jamais de perdre l'or en le répandant sur les peuples. L'or ne se perd pas et tu auras toujours le moyen de le retrouver où il sera et de le rappeler à toi.

Cesse encore de mesurer l'importance du prêt suivant la richesse de l'emprunteur. En politique, le crédit doit s'établir par le fait même de ton prêt, et le plus dénué deviendra capable du plus violent appel de l'or, quand on saura que tu lui as prêté.

Et puis enfin, défais-toi de l'idée qu'il faut à ta race un sol patrimonial.

Tu ne dois plus former un corps de peuple aggloméré.

C'est un sacrifice, mais nécessaire et plus apparent que réel, car ta capacité politique, qui n'augmentera pas, ne t'a jamais permis de vivre d'une vie propre.

Entre Assur et Mizraïm tu as perpétuellement joué le triste jeu de t'appuyer alternativement sur l'un contre l'autre et tu n'as pas un instant cessé de subir le protecteur.

Tu ne subsistes, toujours châtié, toujours pressuré, toujours sous la main, que parce qu'on n'a pas d'intérêt à t'éteindre.

L'autonomie qu'on te laisse, n'est avantageuse que pour nous et, si tu veux le pouvoir que je te forge tu te disperseras, tu n'auras d'autres souverains que ceux des nations et tu habiteras au milieu d'elles afin d'être mieux au courant des intérêts et des risques, afin d'être en mesure de prêter l'or tantôt au sceptre tantôt à ces démembreurs de la puissance qui, seuls ou par groupes, se font, aux instants de faiblesse, livrer les services publics, qui jamais ne devraient être détachés du trône.

Pourquoi déperdrais-tu tes forces à garder un territoire ?

Un prêteur n'a pas besoin d'armée, de forteresses et de frontières bien gardées ; il est protégé par son emprunteur perpétuel.

Et pendant que le peuple paye l'impôt pour obtenir protection contre les risques du dehors, les discordes du dedans et son incapacité de production spontanée, — toi, tu te feras payer l'impôt par ceux-la mêmes qui te protégeront.

Jusqu'ici, cependant, en suivant mes préceptes, tu n'as fait que l'extension de ton industrie, du particulier à la nation.

Ton pouvoir n'est pas encore créé.

Ce qu'il faut pour qu'il s'établisse, c'est que ta puissance soit *une* en face de la souveraineté *divisée*.

Car, ne t'y trompe pas, ô Iéouda ! entre les mains du souverain, le pouvoir de l'or, comme le pouvoir religieux, est limité par son territoire. Mais dès que l'un ou l'autre se dégagent de l'empire, ils deviennent universels en tendance et marchent à la conquête de tous les humains.

Comment en effet, s'il restait partitif, le pouvoir de l'or se défendrait-il d'être soumis au monarque ? Il ne le peut qu'à la condition de reposer sur plusieurs souverainetés de façon à être protégé contre chacun par la coalition des voisins.

Il ne l'est surtout, qu'à la condition de pouvoir tout entier se porter sur un point en se retirant des autres. Sans quoi, l'équilibre s'établirait, et il n'y aurait plus domination.

Ton unité, ton universalité, ta Royauté en un mot, tiennent à la création d'un *Conseil central de l'or*.

Tu institueras donc un sanhédrin occulte et suprême, composé de ceux d'entre vous qui dans chaque principauté sont capables d'influence.

Telle est la clef du grand mystère.

Et tu lui obéiras passivement, car il ne peut te demander rien qui ne soit dans ton intérêt.

Il est moins un maître qu'un indicateur.

Il est la colonne de nuées montrant la route dans le désert.

Il est l'étendard flottant sur le lieu élevé, qui signale la direction du vent.

Sa place, qui peut varier, est toujours au lieu ou l'autorité est le plus discutée.

Renseigné par chacun et de tous côtés, il apprécie la valeur de l'avis, et, par sa transmission, dirige ta force où elle doit aller.

Il soulève l'affaire sur un point éloigné, et y fait participer ceux qui n'étaient point à portée.

Il indique la quotité du prêt.

Il fixe la prime.

Décrète l'abandon des valeurs à déprécier, la hausse ou l'inertie des autres.

Il sait conserver occultes la plupart de tes revenus, et dans quelle mesure tu dois en constituer d'apparents.

Surtout, il te précautionne contre cet accaparement farouche qui est ton danger. Donc il dit quelle portion des valeurs doit rester dans la masse exploitée, afin qu'on ne puisse nier ta dette sans faire tort aux nationaux solidaires de tes intérêts.

Et, si tu t'écartes des lignes qu'il trace, tu seras massacré.

Même, en dépit de sa prudence, tu subiras des tueries partielles, car il ne contiendra pas toujours et partout ton avidité sans pareille.

Mais qu'importe ? c'est ton risque, tu peux l'éviter, et d'ailleurs toute conquête, même pacifique, se fait avec des vies d'hommes.

Donc, par moi, vous régnerez !

Il ne se fera pas un mouvement que vous ne puissiez augmenter ou restreindre, pas un travail dont vous n'écrémiez le produit, pas un bénéfice dont vous n'ayez la grosse portion, car chaque augmentation de richesse générale permettra un emprunt et un impôt sur lequel votre part est assurée.

Vous multiplierez tellement, par vos cédules, la quantité des monnaies, que le prix de toute chose deviendra exorbitant.

Alors réjouissez-vous, car c'est vous qui touchez la différence d'entre les prix anciens et les nouveaux.

> Cherté augmente misère,
> Misère augmente travail,
> Travail produit richesse aux créanciers,
> Et le monde entier sera votre débiteur

Vous régnerez ! et vous serez soustraits à toutes
les conditions imposées aux hommes vivant en
société, prenant le salaire sans labeur, le prix
sans produit et laissant aux producteurs le produit sans bénéfice et le labeur sans salaire.

Vous régnerez ! et par l'effet de mon savoir
vous serez exempts :

Du travail de la science qui remue le monde
avec ses engins ;

Du travail de l'administration qui maintient les
peuples ;

Du travail de la guerre dont vous réglerez le
cours et les chances ;

Du travail de la main qui exécute ce qui a été
voulu par les puissants et les sages.

Vous ne payerez qu'en apparence le tribut et la
dîme auxquels vous vous soumettrez.

C'est à vous que tout le monde payera tribut,
sans que vous rendiez aucun service.

Mais ayez soin de ne jamais laisser reposer le besoin qu'on aura de votre or.

N'en lâchez jamais assez pour que la satisfaction soit complète.

Retirez-en toujours au moment opportun, de manière à vous en faire demander encore pour l'achèvement de ce qui est commencé.

Surtout prêtez aux puissants qui veulent des jouissances. Ceux-là creusent des trous que leurs descendants s'efforcent de combler pendant plusieurs générations.

Enfin, ne révélez à personne le secret du mécanisme que vous enseigne ma vengeance, car vous courriez un danger bien autrement sérieux que l'égorgement de quelques tribus: *la suppression définitive.*

Le moyen serait précisément celui que je vous fournis contre ceux que je veux perdre

En s'apercevant que votre métier consiste à prêter à chacun son propre argent, à vendre cher vos cédules pour les racheter bon marché et les revendre encore plus cher, à ajouter ainsi à tout ce qui se fait une part formidable de labeur dont vous seuls avez le profit, on apprendrait à se passer de vos services.

Que deviendriez-vous alors? Vous qui ne savez rien faire, rien, mais rien!

Vous vivriez juste le temps d'épuiser vos trésors si la jouissance vous en était laissée.

Après: Néant!

En supprimant la fonction, on supprime le fonctionnaire.

Mais, rassurez-vous, l'Etat ignorera toujours votre manœuvre ou feindra de l'ignorer, poussé par des besoins que vous aurez créés grandissants.

Dans nos races magnanimes il y aura toujours des besoigneux, des gens pressés de vivre et vous en aurez accru le nombre pour des temps et des temps.

J'ai dit.

Instruments de ma colère, suivez la pente de votre sang dans les sillons que je vous creuse.

Entre le Pontife *universel* et le Royaume *partitif*, soyez le *Trésorier universel*, afin que j'aie réduit les sars prévaricateurs à n'être plus qu'une ombre,

auprès de Vous,
Soleil !

Quand Isidore eut achevé la lecture de cette pièce, il la recommença.

Chaque parole évoquait en lui des flots de pensées, des millions de projets. Sa tête craquait. Parfois la tension faisait casser le fil de ses idées et le rêve se balançait entre ses yeux et le texte.

Il revoyait la rue du Cahernan, avec son pavage en cailloux ronds, plein de lacunes boueuses ; ce ruisseau farci d'ordures stagnantes qui s'étalait si largement au milieu de la chaussée si étroite, rétrécie encore par les marches qui s'avançaient des façades ; les petites portes, voûtées en cintre, toutes pareilles. Il montait l'escalier d'Ybarzabal, aux planches usées, branlantes et sur lesquelles couraient le soir, comme un flot d'encre, les longues armées des cafards. Il en frôlait le mur luisant et gras, presque noir, et la corde encore plus grasse et luisante qui servait de rampe en contournant le pilier central. Il sentait l'humidité froide et puante de cet obscur colimaçon.

Il arrivait à la porte du vieux maître et retrouvait, tracées dans la peinture, décomposée par je ne sais quel corps visqueux, les figures alors répandues sur tous les murs de la ville :

Et l'inscription non plus seulement urbaine,
mais cosmopolite :

CREDEVILLE, VOLEUR

Puis il entrait dans le taudis immonde où
trônait le vieux, assis sur son grabat. C'était
bien lui ! avec sa tête si pareille par les traits
à celle de Phlogistique et si dissemblable à
celles du voisinage à cause du front large et
aplati, du nez busqué, rentré, puissant, des
gros yeux en boule, à cause de cette barbe
grifaigne, tombant en longues spirales paral-
lèles, arrêtées carrément.

— Ah ! le pôvre ! le pôvre ! murmurait le
larmoyant Isidore.

Et il se replongeait dans sa lecture, prenant des notes et fixant en français, sur un
bout de papier, les phrases les plus difficiles.

Mais sa cervelle en feu l'emportait encore.
Il était inspiré, il entrevoyait obscurément
les moyens pratiques, l'exécution de ces
grandes pensées, des visées profondes si fort

au-dessus de son invention qu'il en acceptait sans aigreur l'insolent mépris pour sa race, au milieu duquel elles se développaient.

Et d'ailleurs, Moïse et les prophètes l'avaient fortement habitué à de semblables bourrades.

Le soir il ne put souper, la nuit il ne put dormir. Bien avant l'aube, il alluma la chandelle et se leva au milieu des siens, immobiles mais inquiets, dont il sentait le regard filtrant à travers l'imperceptible hiatus des paupières semblant closes. Il fit soigneusement sa barbe et se lava. Puis il revêtit une défroque noire, à peu près propre, tirée de la malle d'Octave, plaça sur son cœur le testament d'Ybarzabal et vint secouer dans son lit son fils Arthur.

Cet aîné de sa race fit assez bien semblant de s'éveiller et s'apprêta à écouter le père qui se penchait à son oreille.

Il avait dix-neuf ans, il était long et maigre avec une figure rosée et des cheveux noirs frisottants. Son allure était pacifique. Il était soumis et toujours en admiration devant son père, dont le savoir et la prodigieuse parcimonie lui inspiraient le respect.

Depuis cinq ans au moins, le pauvre garçon était placé chez un petit changeur-escompteur de la place des Victoires, où il n'était pas appointé, mais où il trouvait moyen avec d'infimes courtages de se faire quarante à cinquante francs par mois qu'il remettait intégralement à Isidore.

Pendant que celui-ci lui parlait à voix éteinte, les autres tendaient l'oreille, affligés de ne saisir à travers les psch, psch, psch... tch, tch, tch, qui sifflotaient entre les lèvres du père, que des mots sans suite, bien avidement recueillis :...Important...Phlogistique... recevras mes ordres...Phlogistique encore... et psch, psch, pch,... et pch, psch, psch.

Arthur, sérieux comme un âne qu'on étrille, absorbait le sens de la susurration qui les intriguait, sans autres réponses qu'un signe d'assentiment dont il ponctuait, de la tête, la fin de chaque phrase.

Quand Manheim eut tout dit, il tira des mailles de sa bourse quelques pièces de monnaie qu'il remit au fils avec un clignement d'œil péremptoire, qui signifiait sans équivoque : Si tu bronches, gare dessous ! auquel Arthur répondit en répétant une fois de plus son muet signe de consentement. Après quoi, il s'étendit de nouveau sur le matelas comme pour reprendre son sommeil, ce qu'il fit plus tard, en conservant l'argent dans la main.

Manheim, ayant achevé ses instructions, déploya sur le sol un vaste mouchoir à carreaux, sur lequel il plaça une chemise, un chiffon de pain et un transon de fromage et du tout fit un paquet en nouant les quatre coins. Puis il se mit en devoir de s'évader.

— Tu sors, Isidore ? souffla dolentement Elisa.

— Je vais à Strasbourg, voir le rabbi Eli Cohn.

Elisa poussa un soupir de résignation forcée qui poursuivit son mari jusqu'au bout du corridor.

C'était tout ce qu'elle pouvait dans de si malheureuses circonstances. Son homme allait les mettre sur la paille, ça ne pouvait pas manquer, c'était comme si elle le tenait, mais qu'y faire ?

Dès lors, ce départ était pour elle un soulagement. Ne valait-il pas mieux encore savoir son Olibrius d'Isidore dépensant l'argent à courir les routes que de le sentir près d'elle, concentré dans ces pensées dont le poids oppressait chacun des affres de l'inconnu ?

Cependant elle était envieuse du fils Arthur, choisi pour confident. Le désir de savoir ce qui lui avait été chuchoté à l'oreille lui grattait mauvaisement le cœur et la langue. Bien sûr, c'était quelque complot contre elle. La question lui poussait les lèvres, elle n'osait pas. Si elle était mise en tutelle sous l'autorité de son aîné, bien sûr que celui-ci n'allait pas le raconter. Cependant elle n'y tint pas longtemps.

— Arthur, est-ce que tu dors ? risqua-t-elle à voix basse.

— Ourrmm, grogna le fils.

— Ton père t'a donné l'argent?

— Oui.

— Beaucoup ?

— Non.

— Qu'est-ce qu'il t'a dit ?

— Il m'a dit… il m'a dit… de pas le dire.

C'était bien cela, elle était sacrifiée, ah !
maman, ma pauvre maman !

Pendant ce temps, Isidore marchait à grands
pas dans la rue. Il arriva bien avant l'heure
au bureau de la diligence et dut attendre,
à l'abri sous le relief de la porte fermée qui
le protégeait mal contre la bruine froide.
Son manteau était trempé, mais sa chair
ne sentait pas l'humidité glaciale. Il n'était
plus en rapport avec les objets ambiants
et ne voyait même pas la lanterne munici-
pale sur laquelle son œil restait idiotement
fixé et qui grinçait, en balançant sa flamme
jaune et noire sous un réflecteur en papillon.

Il trouva une dernière place dans la rotonde et s'insinua comme une couleuvre

entre deux nourrices à l'odeur fade, ornées de nourrissons peu continents.

Mais, quand le véhicule s'ébranla, il eut un rayon dans l'œil. Il se jura de réussir en dépit des oppositions mesquines, des routines, des injures et bientôt il eut faim. Alors, ouvrant son mouchoir, il en tira ses provisions et prit des forces pour la lutte. Le pain le nourrissait plus que d'habitude.

Au relais, il quémanda un verre d'eau.

III

EPIGENÈSE

Douze jours après, Isidore entrait à la nuit dans une maison du Faubourg-Poissonnière.

Quelques hommes à figures placides l'attendaient dans un salon gavé de somptuosités.

Ils formaient çà et là le long des murs de petits groupes noirs et peu bruyants, entre lesquels certains d'entre eux glissaient d'un pas assourdi par les tentures.

Le conseil tenu par les rats devait avoir cet aspect.

L'intrus s'avança gauchement, cherchant à qui parler. Il ne semblait vraiment pas que ces gens-là fussent assemblés à cause de lui. En quête de son homme, Isidore, le col tordu, clignait de l'œil sans succès. Il le découvrit pourtant, assis devant une table chargée de papiers et masquée par des dos d'habits. Aussitôt il lui présenta une lettre rapportée de Strasbourg. Le destinataire en prit à l'instant connaissance et la mit en circulation.

Alors, pendant que chacun à son tour suivait des yeux les lignes, le bonhomme alla quérir un siège, que personne ne lui offrait, et s'assit sans trop d'humilité.

Hantés par de plus hautes préoccupation et peu enclins aux études artistiques, les assistants ne songeaient guère à observer ce que le nouveau venu présentait d'aspects remarquables. Cependant il était vraiment intéressant à contempler.

Plus marchand d'habits que jamais sous les vêtements de l'oncle d'Octave qui le déguisaient en membre de l'Institut, il se tenait, le dos voûté, les mains sur les genoux, dans l'immobilité la plus complète. Devant lui, la redingote trop large pendait

en plis mollasses, le pantalon, trop court pour
sa taille et remonté par la position des
jambes, laissait voir la peau entre ses bor-
dures crottées et les chaussettes de couleur
douteuse amassées en plis sur les souliers
recroquevillés. En toute sa personne régnait
le luisant graisseux mettant des blancs sur
le noir élimé du drap, sur le front poli, sur
les cheveux rares et lissés. Mais la face, dé-
vastée par la famine et creusée par les exal-
tations récentes, donnait à cet ensemble un
cachet de singulière poésie. L'œil était attentif et calme et chaque trait portait l'empreinte d'un sceau de quiétude impassible.

Ce juif déchiqueté, laminé, fagoté, auquel
nul ne prenait garde, avait conscience d'être
le support d'une grande chose. Il savait ce
qu'il voulait. Il sentait dans son cœur la foi
que rien n'ébranle.

Cependant, le papier continuait sa tournée. Il y eut de ci de là quelques chuchote-
ments de bouche à oreille, lorsque celui qui
prenait connaissance du texte se penchait

vers ses voisins, leur soulignant du doigt quelque membre de phrase.

Enfin, la lettre revint à son point de départ et fut restituée à son propriétaire.

Il était jeune encore, mais grave et les traits marqués de longues lignes creuses imprimées par l'étude. Il siégeait à part des autres, devant sa table officieusement présidentielle.

Ce personnage alors prit la parole d'une voix faible, aux sonorités étouffées dans une vibration nasale. Il parlait un langage clair, simple et facile, dédaigneux des ingrédients oratoires qui, sans doute à son avis, n'auraient pu que diminuer le poids d'une autorité incontestée.

« Chacun de vous, dit-il, a pris connais-
« sance du document trouvé par Siméon ben
« Jacoub dit Manheim, et présenté par lui à
« l'appréciation de notre vénéré Eli Cohn.

« Il appartenait à celui-ci, plus qu'à tout
« autre de prononcer sur sa valeur et son au-

« thencité, et il a affirmé l'une et l'autre, en
« des termes qui semblent d'abord laisser peu
« de place au doute.

« D'après lui, le testament d'Ybarzabal
« proviendrait certainement de cet ancien
« personnage. Il aurait été écrit à Jérusa-
« lem au temps de la première captivité, dans
« les conditions énoncées au texte, et serait
« aussitôt devenu un de *nos Livres*. Comme
« tel, il aurait fait partie du rouleau de la
« Thora, jusqu'à l'épuration de Johannau
« ben Zakkaï ; et depuis, la tradition et même
« les enseignements n'en auraient jamais été
« complètement perdus.

« De nombreuses considérations portent
« notre éminent docteur à affirmer que le
« texte nous arrive aujourd'hui, conservé
« dans sa pureté d'origine, par les descen-
« dants de l'auteur, et il tire sur ce point sa
« meilleure preuve de la conformité de la
« traduction actuelle avec ce qu'il nous reste
« d'une copie mise au jour à la fin du xviie siè-
« cle et brûlée par les soins de Joshua fils de

« Jonathan, ainsi qu'il appert d'un procès-
« verbal détaillé, indiquant, pour motif de
« la destruction, la crainte que cette pièce
« n'ait été forgée pour perdre ceux auxquels
« elle adressait à la fois ses conseils et ses
« mépris.

« Cependant, lorsque nous avons fait pro-
« céder aux vérifications nécessaires, les con-
« clusions si savantes de notre Eli ont donné
« lieu à des contradictions que je ne puis pas-
« ser sous silence.

« Plusieurs de nos maîtres, sans nier
« l'existence d'un livre d'Ybarzabal au temps
« de ben Zakkaï, pensent que le document
« qu'on nous présente est moderne et calqué
« sur les événements qu'il semble annoncer.
« Quelques-uns affirment qu'il doit être attri-
« bué à l'abbé Dubos, avec ou sans la colla-
« boration de Diderot alors fort jeune, mais
« déjà enclin à la composition de pièces
« apocryphes. D'autres, lui donnant une
« origine un peu plus ancienne, veulent qu'il
« soit le fait insidieux du jésuite La Cerda,

« agissant à notre encontre dans le but le
« plus monstrueux. Ils supposent même, que
« c'est précisément cette dernière œuvre qui
« aurait donné lieu à la destruction accom-
« plie par Joshua.

« Je devais vous signaler ces divergences,
« mais je me garderai d'en débattre la va-
« leur, parce que, pour l'instant, cette dis-
« cussion si intéressante est repoussée par
« une fin de non-recevoir absolue, qui sem-
« ble avoir échappé à l'intelligence éclairée
« d'Eli Cohn.

« Elle met en cause l'existence même du
« document dont on apporte une prétendue
« traduction.

« Comment pourrions-nous savoir si ceci
« est la reproduction de cela? » dit le jeune
maître, en frappant alternativement sur les
parchemins et les cuivres de Phlogistique.

« Le texte, prétendu traduit, est pour nous
« impénétrable ! Il est écrit, paraît-il, en lan-
« gues sumérienne et araméenne ; ces lan-
« gues sont entièrement perdues ! Les carac-

« tères sont probablement ceux en forme de
« coin ou d'épine dont se servaient les As-
« syriens; mais qui peut les lire? Peut-être
« le dernier Ybarzabal les a-t-il lus? Mais
« comment l'affirmer, alors que cet homme,
« qui aurait consacré sa longue existence à
« les déchiffrer, n'a laissé aucune trace de
« sa méthode, de ses connaissances linguis-
« tiques et graphiques.

« Il nous faut ici de la lumière, et tout
« est ténèbres; une affirmation, et le doute est
« irrémédiable.

« La coïncidence existant entre le texte
« hébraïque et le procès-verbal de Joshua
« ne peut nous fournir le commencement de
« preuve qu'elle semblait apporter, puisque
« ce qu'on appelle traduction peut avoir été
« simplement copié sur ce même procès-ver-
« bal.

« La seule chose qui apparaisse claire-
« ment, c'est que l'écrit provient d'un con-
« tempteur de la Race élue entre toutes, à
« laquelle nous appartenons.

« Est-il un secours ? Est-il une embûche ?

« — Les trahisons aristocratiques sont sou-
« vent à double tranchant. — Dans de telles
« conditions, y avait-il lieu d'en examiner
« la teneur ?

« Il était permis de dire non, et cepen-
« dant nous avons dit : oui.

« S'il faut redouter l'avancée sur des ter-
« rains périlleux et peut-être minés, il est
« meilleur d'accepter la lumière d'où qu'elle
« vienne et de n'en pas détourner nos yeux
« sous prétexte qu'elle ne sort pas de la
« source d'où nous la désirions.

« Peut-être trouverons-nous ici des lueurs
« profitables ?

« Et même cela serait d'autant moins sur-
« prenant que cet écrit présente des aperçus
« politiques qu'il n'est pas sans mérite
« d'avoir dégagés de l'histoire. D'ailleurs, ne
« serait-il pas téméraire de nier par provi-
« sion les conséquences de tels principes ?

« L'examen semble donc imposé par la
« nature même des idées qui nous sont sou-

« mises, et nous le devons encore au carac-
« tère du vieil Ybarzabal de la rue du Ca-
« hernan et à l'opinion d'Eli Cohn.

« Cette étude, c'est vous qui la ferez. Vous
« verrez si les idées dont il s'agit peuvent
« être mises en pratique ; si nous avons à cet
« effet des ressources et des procédés finan-
« ciers à la hauteur de la tâche. Tout dépend
« en effet de la solution de ce dernier point
« sur lequel les travaux de ma carrière m'ont
« insuffisamment préparé, et c'est à ceux
« d'entre vous qui sont notés pour leur sa-
« voir et leur expérience en ces matières,
« que la réponse appartient.

« Mais n'oubliez pas, en touchant à ces
« idées, le danger qui nous menace si elles
« sortent de l'ombre. Utopie ou réalité, elles
« soulèvent l'accusation d'une conspiration
« tellement attentatoire à l'existence de tout
« ce qui n'est pas nous, qu'elles ameuteraient
« le monde entier à notre encontre.

« Et si, d'autre part, la valeur s'en trou-
« vait affirmée, n'oubliez pas non plus qu'on

« n'attaque pas impunément le support sur
« lequel on vit, car alors c'est sa propre
« destruction qu'on prépare.

« Si donc, il était une fois vérifié que nous
« pouvons réaliser les visées d'Ybarzabal, il
« resterait encore à savoir si nous le devons
« et si nous le voulons.

« En résumé :

« La décision que vous avez à prendre au-
« jourd'hui n'a qu'un objet : dire s'il y a lieu
« ou non d'entreprendre l'étude à laquelle
« je vous convie, mais que je ne saurais vous
« imposer.

« Je vous ai donné les motifs de mon invi-
« tation et j'y ajoute celui-ci : De toute étude
« sort un résultat.

« Mais encore une fois, il pourrait se trou-
« ver tels motifs ignorés qui prouveraient
« l'inutilité de la recherche.

« Un dernier mot.

« Si nous entreprenons ce travail, ne vous
« dissimulez pas la longueur de la route. Il
« faut sur plusieurs points des recherches

« spéciales, il faut ensuite les grouper, les
« ordonner, les mettre en concordance, les
« vérifier l'une par l'autre...

« Et la vie est courte. »

Isidore écoutait impénétrable.

Il assistait, sans paraître y prendre garde,
à la démolition de ses espérances.

Ce Livre! première assise d'un édifice
sans précédent, était contesté, nié, signalé à
l'esprit de crainte, enterré sous une promesse d'études interminables. C'était bien
cela qu'il attendait, et au fond de ses entrailles il sentait des ricanements.

Il mesurait les dispositions visibles de
l'assemblée et les trouvait bien autrement
ferventes que celles de l'orateur, dans le
sens de l'étouffement. Mais son cœur était
préparé à toutes les amertumes dont on
abreuve les initiateurs. Les mépris, les re-
jets, les procédés dilatoires n'avaient pour
lui rien que de normal. On pouvait ne pas
entendre, ne pas vouloir, même ne pas com-

prendre, il comprenait, lui, il entendait, il voulait.

Et de plus, il avait en main de quoi les confondre, de quoi aussi les ramener.

Cependant sa conviction n'excluait pas l'inquiétude, car il se méfiait des insuffisances de sa langue. Il craignait qu'elle ne compromît la cause devant de tels personnages. Pourtant le petit berger David avait-il eu besoin d'armes perfectionnées? Nu et muni d'un caillou, n'avait-il pas renversé le type le plus accompli du militarisme? Isidore devait donc se porter champion des grandes idées dont il était imbu. Il ne s'agissait pas d'éloquence, mais de réussite.

Il se leva.

Piteux et vaillant, au milieu du silence qui suivit les dernières paroles auxquelles il allait répondre,

— Messieurs, bredouilla-t-il, je n'ai pas voulu interrompre...

Mais à peine eut-il élevé la voix, qu'il se fit un mouvement dans l'assemblée. Les sièges bougeaient ; un bourdonnement formé des conversations particulières s'élevait ; l'inattention était complète ; le bruit d'abord discret s'accroissait d'un progrès rapide.

— Messieurs ! disait Isidore, Messieurs ! répétait-il en variant habilement l'intonation.

C'était comme s'il se fût adressé à des sourds ; on ne tenait aucun compte de sa présence.

Il s'impatienta et s'embourba.

— J'ai les mains pleines de choses... lançait-il au milieu de la confusion, tendant ses abatis fort insuffisamment décrassés. Messieurs !... il y a des choses... qui changent la face des choses... L'importance de ces choses...

Les conversations particulières, les allées et venues continuaient avec le mépris le plus parfait de sa présence.

Alors il jeta sur l'orateur-président un regard d'appel suppliant que celui-ci n'aperçut même pas. Toutefois, peu après, de son propre mouvement, et parce que l'agitation menaçait de s'éterniser, il frappa sur le bois de la table quelques coups secs.

Sur-le-champ un grand silence s'établit.

Aussitôt Manheim commença :

— J'aurais pu relever au passage certaines erreurs...

— Pardon, fut-il insolemment interrompu par un gros, petit, rond, noir, mais il y a un point à vider. Si, comme il est probable, l'assemblée, d'accord avec son président, pense que la solution des questions soulevées dépende de l'appréciation de nos moyens financiers, la discussion est close. L'étude à laquelle on nous convie n'est point à faire, elle est faite. Les procédés de la finance sont éternels et ils sont en ce moment appliqués dans toute l'étendue du rayon qu'ils comportent. Je me refuse donc, pour ma part, à une revue explicative de ces moyens ; elle n'aurait d'utilité que pour des écoliers. C'est tellement évident, que je suis sûr de ne rencontrer ici que des sentiments conformes au mien.

— Très bien ! très bien !

— C'est indéniable.

— C'est absolu... fut-il répondu de divers côtés.

Puis un silence magique se produisit.

— Alors ?... fit tout à coup un des assistants en se levant.

— Parfaitement, répondit un autre.

Et chacun quitta sa place, se disposant au départ.

Le bruit s'éleva de plus belle.

— Messieurs ! Messieurs ! insistait Manheim qui sentait avec angoisse le terrain se dérober.

— Messieurs ! Messieurs ! et ses grandes pattes de crabe, battaient le rappel au silence.

Le bourdonnement ne cessait pas. Isidore suait et souffrait d'un étrange malaise. Il grimaçait un mépris venimeux. C'était la première fois qu'il se trouvait aux prises avec ce murmure indécent et lâche des assemblées, en train d'étouffer l'homme et l'idée par l'inattention voulue.

Il s'était rassis et sentait son cœur s'affaler. C'était pourtant la fin de tout si lui-même oubliait son devoir ! Il fut indigné de sa couardise et de l'oppression qu'il subissait et tout à coup, se levant brutalement, il repoussa son fauteuil avec bruit, et d'une voix glapissante :

— Enfin ! cria-t-il, si vous ne voulez pas écouter, moi je m'en vais, que diable ! Je ne suis pas venu ici pour des prunes, peut-être !

Cette inconvenante sortie fit le plus mauvais effet, mais c'était un effet, et... qui peut savoir ?... Non, ce pauvre novice d'Isidore s'aperçut à l'instant qu'il venait de s'enfoncer un peu plus. Il lut dans tous les yeux braqués sur lui, cette mauvaise foi des collectivités malveillantes, qui viennent de trouver un prétexte à une vilaine action. Si désormais on ne l'écoutait pas, c'était sa faute. On n'indispose pas ainsi les gens dont on a besoin.

— La cause est entendue, murmura quelqu'un, d'un ton de lassitude ennuyée.

La rage monta aux lèvres de Manheim.

— Enfin ! pourtant ! s'écria-t-il, il me semble que vous pourriez bien daigner écouter un mot.

On le sentit réellement indigné. On craignit une scène scandaleuse. On ne voulut pas avoir l'air de pousser à l'extrême le mépris aristocratique et, sur un signe du président, on se rassit sans enthousiasme.

— Messieurs, si j'insiste, c'est que j'ai mes raisons, peut-être ! commença Isidore très nerveux. Et qu'est-ce que vous diriez si la fameuse difficulté, l'invincible difficulté de notre président, ça n'existait pas ?

— Allons donc !

— Soyez poli.

— Si c'est pour des histoires pareilles que vous nous retenez ici...

— Vous lisez l'araméen, sans doute ?

— Moi ? pas moi ! pauvre de moi ! mais il y a dans Paris deux hommes qui lisent les écritures cunéiformes.

— Des nôtres ? aboyèrent plusieurs voix inquiètes.

— Non.

— Alors, comment leur confier le testament ?

— Cela ne se pouvait pas, là ! êtes-vous contents ? Mais voici comme j'ai fait. J'ai gravé avec le cuivre, et ça a bien réussi, pas sans peine, mais enfin, bien ; et, comme j'ai fait, ça se lit à l'envers parce que le papier est transparent. De cette reproduction, j'ai porté chez les traducteurs les passages innocents.

De nouvelles et terribles interruptions accueillirent les derniers mots de l'orateur.

— Mais c'est effroyable !

— On ne fait pas des choses pareilles sans consulter.

— C'est risquer notre tête.

— Comment pouviez-vous savoir si c'était innocent ?

— Puisque vous ne lisiez rien !

— C'est pourtant bien simple, ripostait le pauvre diable écrasé par le nombre. C'est bien simple... Vous n'avez qu'à réfléchir au lieu de chercher des poux... C'est bien simple... tout le monde l'aurait fait... je ne suis pas plus bête qu'un autre.

Le président rétablit de nouveau le silence par cette interrogation laconique.

— Comment avez-vous fait?

Je ne demande qu'à vous le dire. Mais c'est pas commode. Voilà. Je me suis fié à la traduction pour juger ce qu'on pouvait montrer et j'ai eu raison. Chacun de mes orientalistes a traduit pareil à Ybarzabal, mon vieux maître. C'est pareil, pareil, là, voyez... Trois hommes qui ne s'entendent pas... et pareil! Si vous ne me croyez pas, vous pouvez recommencer. Il n'en manque pas des passages qu'on peut encore faire traduire.

Tout en parlant ainsi avec la véhémence de l'homme injustement contredit et qui ne sait pas se mettre au-dessus de la contradiction, Manheim avait tiré de cet espèce de magasin qu'il appelait sa poche une liasse de papiers qu'il tendit maussadement au président.

Celui-ci les déploya avec lenteur, les examina froidement, contrôlant les textes; vérifiant les signatures et leur légalisation. Puis ayant bien tout flairé, à plusieurs reprises, il constata sa défaite par un : Ah ! très blanc de ton, auquel il ajouta un : Voilà qui est curieux ! dont les sonorités n'étaient guère plus compromettantes que celle du Ah !

— Et puis à présent, reprit Isidore qui avait hâte de présenter d'autres ressources, il y a encore autre chose et qui en dit long.

Et, sortant de sa poche une seconde liasse de papiers, il continua, aidant sa mémoire de quelques lignes tracées sur un coin du dossier.

— J'ai de plus reçu du cher Eli Cohn un supplément de consultation. Il y démontre avec pièces à l'appui que le testament d'Ybarzabal, longtemps approuvé par le grand Synode... ein... le grand... ein... le grand Synode, n'a été rejeté avec tant d'autres livres excellents... excellents... que par une secte fanatique, dont l'action tendait à reléguer toute *la Nation* hors du Temple, pour en faire la demeure exclusive d'un petit groupe. Subséquemment, il nous apprend qu'une partie des errements suivis par nous depuis des siècles, nous ont été fournis jadis par ce livre, dont les enseignements sont vaguement demeurés, après sa disparition, dans des mémoires qui avaient oublié l'auteur et les origines. Et la preuve de leur provenance, c'est que ces idées, n'étant pas celles de notre race, n'ont pu naître dans un cerveau juif.

Et il fit passer la consultation, que parcourut encore le président et qui lui arracha un nouveau : Ah ! tout à fait semblable au premier.

— Vous le voyez, reprit Manheim, constatant aigrement sa double victoire, il ne reste donc plus que la question des voies et moyens à laquelle se refusent ici messieurs les gens compétents.

Rappelé à la modestie du triomphe par un murmure interrupteur, Isidore comprit qu'il fallait rentrer sa mauvaise humeur et crut

faire une habile conversion en ajoutant avec
un visible désir de flatter.

— Cette étude s'impose à leur dévouement.
Du reste elle ne sera pas si longue qu'on l'a
dit. Un simple examen immédiat doit suffire
à vous éclairer, car j'apporte encore sur ce
point des éléments convaincants.

— D'où les avez-vous tirés, Monsieur ?
questionna sévèrement le jeune doyen pendant que Manheim fouillait encore une fois,
avec ardeur, les profondeurs de sa poche.

— De ma cervelle et de mon expérience,
répondit très fermement le bonhomme, et cependant, ajouta-t-il non sans malicieuse
amertume, ils ne s'imposent pas moins que
s'ils venaient d'ailleurs. Les chiffres n'ont
pas besoin d'une autorité personnelle.

— Peut-être ? interrompit le petit, gras,
noir, toujours fort bougon. Les chiffres sont
ce qu'on les fait.

— Quand c'est vous qui les faites, mais
non quand on vous les soumet, riposta Manheim comme un chien donne un coup de

dents. Les chiffres pour vous sont ce qu'ils sont, et avant de les suspecter il faut les vérifier.

Car enfin, dit-il en se montant, je ne comprends pas en pareille matière l'opposition fondée sur la paresse. Si quelques-uns d'entre vous veulent croupir dans les errements moyen âge des rogne-deniers, des escompteurs et prêteurs à la semaine, libre à eux ; mais c'est à ceux qui représentent ici l'amour de *la Nation* et la gloire du Très Haut que je m'adresse. Ceux qui sont repus doivent songer à ceux qui ont faim. Ceux qui sont à l'abri des outrages doivent penser à la masse de leurs frères sur lesquels on crache encore, et sur lesquels on crachera toujours, tant que la puissance ne sera pas en eux et avec eux. Et je vous adjure au nom de mon maître, le dernier Ybarzabal, qui aimait *la Nation* et vivait d'aumônes, de regarder autour de vous.

Il fit une courte pause, et dirigeant son index vers l'un des assistants :

— Et toi, Samuel ! reprit-il avec un accent de pitié profonde, as-tu donc oublié le ruisseau de la rue Bouhaud ? Si tu n'y penses plus, retourne-t'en le voir. Il est toujours là-bas, avec sa tralée de petits Ifla, de petits Chimène, de petits Mende, de petits Véga, tous rongés de vermine et de scrofules, dont les pères, *traînant la groule*, vont recevoir une fois par semaine le pain d'un repas, chez Lope le Tort.

Je t'adjure de ne pas dire à demain !

Je t'adjure de ne pas repousser pour les autres ce dont tu n'as plus besoin.

Je t'adjure de ne pas te complaire dans ta fortune, que rien ne te garantit, et de t'élever avec nous jusqu'à la puissance qui défend elle-même son argent.

Et tout à coup, l'œil noyé :

— Il est écrit, ajouta-t-il d'une voix mordante, il est écrit que nous devons remplir la terre, et le sol est couvert de folles herbes là où devait mûrir la moisson du Seigneur.

Manheim s'arrêta, étonné d'en avoir tant dit, mais si plein de son sujet, qu'il aurait pu parler encore plusieurs heures sans cracher.

Directement interpellé, Samuel aussitôt répondit avec cette aisance convenue de l'homme d'affaires qui a subi des jérémiades et sait ce qu'en vaut l'aune.

« Messieurs,

« Les sentiments n'ont jamais résolu les « questions économiques. Certes! nous par-« tageons tous la pitié de Manheim pour nos « frères deshérités et nous ne sommes pas en « reste de compassion, nous qui payons la « dîme et faisons l'aumône.

« Que pouvons-nous au delà? Rien.

« Le mépris qui s'attache encore a trop « d'enfants de *la Nation*, ne vient pas de ce « qu'ils sont juifs, mais de ce qu'ils sont pau-« vres. Ceux d'entre nous qui sont riches « sont honorés.

« On voudrait augmenter la richesse pu-« blique, comme si cela était une affaire de « bonne volonté. Je ne demande pas mieux « que de la voir s'accroître, mais puisque

« cette richesse ne s'augmente que par le
« travail productif, dites-moi qui fera ce tra-
« vail ? — Pas les nôtres, n'est-ce pas ? Nous
« n'avons pas de classes ouvrières. Le plus
« misérable d'entre nous n'accepte pas d'au-
« tre métier que la transaction mercantile. Il
« faudrait donc imposer ce travail aux races
« étrangères. Nous y tâchons constamment ;
« nous ne faisons que cela ; c'est l'intérêt
« de nos capitaux, d'exciter une production
« dont l'échange développe nos trafics, mais
« notre action est limitée, parce que le véri-
« table agent du travail, c'est la misère. Dès
« que le salaire la fait cesser, il s'arrête.

« Ce sont là des phénomènes contre
« lesquels l'homme ne peut rien, et le testa-
« ment d'Ybarzabal ne changera pas l'ordre
« du monde. Il n'apporte rien de nouveau,
« parce qu'il n'y a rien de nouveau en finance,
« comme on vous l'a si bien dit tout à
« l'heure. En dehors des moyens séculaires,
« il n'y a que des banques de Law. Ce fac-
« tum, authentique ou non, vient donc uni-

« quement vous fournir le plan d'une utopie
« qui n'est pas nouvelle : la prise du pouvoir,
« au moyen d'une société secrète, conspirant
« contre l'ordre social.

« Ce serait risible, si l'on se trouvait dans
« les rangs de ceux contre lesquels on con-
« spire de la sorte. Demandez-vous, en effet,
« ce que sont devenus les Templiers et les
« différents ordres religieux militaires, les
« Illuminés de Weishaupt et les Francs-ma-
« çons, les Carbonari. les Jésuites eux-
« mêmes ! et toutes les sociétés plus ou moins
« secrètes ! La plupart ont disparu dans le
« sang et le ridicule, les autres achèvent niai-
« sement de s'éteindre, aucune n'a rien en-
« tamé.

« Si vous considérez au contraire le sort
« réservé aux auteurs de cette puérile ma-
« chination, cela devient lugubre.

« Au premier soupçon vous êtes perdus
« et le soupçon ne tardera guère. En tout
« cas voudriez-vous courir un tel risque
« pour une irréalisable spéculation ? »

— Pourquoi donc irréalisable ? interrompit timidement Isidore.

« — Ah ! par exemple, si les procédés in-
« diqués par Ybarzabal sont efficaces, ré-
« pliqua vivement Samuel, c'est bien autre
« chose. Le danger grossit mille fois. La ré-
« pression devient sans merci et tout à fait
« inévitable.

« Si votre engin, comme une immense vis
« de pressoir, a la propriété d'extraire, de
« tous les hommes sans exception, la sub-
« stance dont chacun a besoin pour vivre, il
« ne faudra ni grande habileté pour décou-
« vrir la source de tant de maux, ni grand
« courage pour la signaler.

« Vous n'aurez aucun recours, aucun point
« d'appui, aucune défense.

« Considérez donc que les sociétés, dont
« je parlais tout à l'heure, avaient des pro-
« tecteurs souverains, plusieurs avaient une
« grande force militaire, enfin elles ne s'atta-
« quaient pas à ce qu'il y a de plus ombrageux :
« l'argent !

« Et vous penseriez éviter leur sort, vous
« qui voulez attenter à l'univers entier, vous
« qui attaqueriez les gouvernements et les
« sujets, tous les gouvernements et tous
« les sujets, toutes les classes, tous les hom-
« mes, tout ce qui existe, sans vous réserver
« un seul être qui ait intérêt à votre victoire !

« C'est insensé !

« Tenez, je ne suis pas un trembleur,
« mais je vous assure que nous en avons déjà
« trop dit. Il faut absolument qu'une telle
« idée soit aussitôt étouffée, il faut la balayer
« de nos esprits et qu'elle soit comme si elle
« n'avait jamais été. »

Samuel s'arrêta un moment, le front sou-
cieux, comme hésitant à laisser cours aux
paroles qui voulaient encore sortir de lui,
et, tout à coup, avec un geste d'humeur.

— Ah bah ! dit-il, pourquoi insister ? Tout
le monde m'entend.

A ces mots, l'approbation déborda sourde
et chaude.

— Oui ! oui !

— Parfaitement !

— C'est assez !

— C'est trop !

— Ce sont des folies !!

« Vraiment, acheva Samuel en se levant,
« quand je pense à tout ce qu'on veut vous
« faire compromettre, je me demande si je
« rêve. A peine sortis de l'état séculaire de
« parias, on veut nous y replonger sur la foi
« d'un Assyrien fossile. Et quel moment
« choisit-on pour troubler les voies fécondes
« de notre activité ? Celui où les circonstances
« nous ont fait la meilleure part au milieu
« des civilisations européennes. Car enfin,
« messieurs, il ne faut pas se dissimuler
« qu'en nous accordant l'égalité politique et
« les bénéfices du droit commun, on a con-
« stitué en notre faveur le plus merveilleux
« privilège. A tous les avantages dont jouis-
« sent les autres citoyens, nous ajoutons celui
« qu'ils ne possèdent pas : notre solidarité
« de race et de religion ; nous sommes tou-
« jours unis pour spéculer contre eux divisés.

« Que vous excitiez la formation de so-
« ciétés secrètes, pour vous servir de leur
« puissance éphémère, ainsi que vous l'avez
« toujours plus ou moins fait, rien de mieux;
« mais que vous vous formiez vous-même en
« société secrète pour endosser l'étrangle-
« ment fatal réservé à ces naïves institutions,
« c'est absurde.

« Non, vraiment, c'est à ne pas croire ! »

Le succès de Samuel fut absolu.

Les applaudissements éclatèrent.

L'orateur fut à l'instant entouré, félicité,
caressé.

Seul dans son coin, Manheim assommé ju-
gea qu'on ne remonte pas de tels courants ; que
si même on lui permettait encore la parole,
ses arguments ne porteraient pas. De plus,
Samuel avait mis devant lui des tas de choses qu'il ne savait comment résoudre. Ces
Illuminés, ces Templiers le prenaient au dé-
pourvu. Oh ! s'il ne s'était agi que de combattre les vaines terreurs, de renverser les
arguments économiques, il était prêt. Il

savait, lui qui avait médité son Ybarzabal,
comment on peut attenter à l'Univers sans
l'ameuter, quand on lui laisse croire qu'il
peut participer aux bénéfices de l'attentat.
Il savait, lui, et de même source, comment
on augmente la production par le travail, le
travail par la misère et la misère par certaines prélibations du capital. Mais eux, ne
le savaient pas. Ils avaient lu et n'avaient
pas compris. Ou bien, peut-être, et le soupçon lui en venait, ne voulaient-ils pas comprendre. Alors, à quoi bon leur enseigner
des moyens pratiques dont ils useraient en
les niant, pour s'en réserver le monopole?

Il fallait donc renoncer pour le moment et
s'adresser ailleurs.

Mais à qui?

Courir l'Europe à la recherche d'adeptes,
alors que l'opposition de ces messieurs rendait la tâche si épineuse, c'était employer sa
vie à une formation dont on n'aurait plus le
temps de profiter.

Pendant que ces tristes réflexions se pressaient dans sa cervelle, Isidore eut encore un serrement de cœur, mais il se raidit et triompha bientôt de cette seconde défaillance.

— Il faut les forcer, cria du fond de son cœur la voix de la nécessité, et chaud! chaud! tant que ça brûle! seulement, il faudrait un détour... Je le tiens!

Son plan arrêté, la confiance refleurit.

Il savait si bien comment on rouvre la porte pour renouer un marché dont on a fait fi!

Saisissant donc un instant de silence.

— C'est bien, et c'est tout, dit-il en homme dégoûté de la lutte. J'ai compris, vous ne voulez pas entendre.

Sa défaite était si bien assurée, qu'on redevint pour lui bon prince.

— Mais on ne vous empêche pas de parler, mon ami, on vous y invite.

— Il y a, répondit-il, des dispositions d'esprit qui rendent indigne d'entendre. Celui qui ferme les yeux verra-t-il, alors que ceux qui les ouvrent auraient encore besoin de lunettes? C'est un malheur! n'en parlons plus. D'ailleurs ce que vous ne voulez pas, d'autres le feront, je suis maintenant en mesure de réussir ailleurs, parce que je ne suis plus le pauvre diable que vous avez connu. Avant cette trouvaille, je voulais encore travailler dix ans de mon métier pour gagner de quoi me lancer sérieusement. Mais tout est changé, Joseph Cohn, à qui j'ai parlé, me trouve assez riche pour devenir son associé. La maison Manheim et Cohn est fondée depuis huit jours. Elle a des éléments pour bien marcher. Aidés de cette modeste puissance, nous constituerons bientôt le Sanhédrin universel et vous viendrez à nous. Tenez, je ne vous donne pas deux ans pour être des nôtres et les plus zélés, les plus précieux auxiliaires.

On l'écoutait, on le trouvait impertinent, mais amusant avec sa drôle de confiance. Et puis, on ne le trouvait pas bête d'avoir su s'associer à Cohn déjà riche et dont le nom avait un prestige.

« Après tout, pensaient les malins, il y a

peut-être là-dessous quelque affaire. Faudra examiner. » Mais l'idée qui fatalement suivait celle-ci donnait au nouveau banquier une bien autre importance. Cet homme allait donc tenter un mouvement dont ils seraient exclus ; un mouvement qui les mettait tous en cause, tous en un danger tel qu'ils n'osaient l'envisager en face. Il allait s'y lancer sans qu'ils soient là pour conjurer, limiter le risque, et recueillir aussi les avantages, s'il s'en produisait.

Isidore vit bien que sa parole avait porté et sentant qu'il suffisait peut-être à présent du moindre effort pour avoir ville gagnée, il fit donner la réserve.

Benoîtement, il s'avança vers la table du doyen et se mit en devoir de ramasser les cuivres, les parchemins et tous les papiers déposés par lui dans les jours précédents.

Un véritable effroi se peignit aussitôt sur la face du président.

— Que faites-vous ? dit-il, en couvrant vivement les titres de sa main.

— Mais, vous voyez, répondit simplement le bon apôtre, je ramasse mes papiers.

— Ceci ne doit plus sortir de nos mains, riposta l'adversaire, solennel, résolu, dévoué à la défense de cette Sainte-Barbe.

— Comment! comment! jaillit-il, de divers côtés. Mais c'est impossible!... on ne laisse pas traîner de pareils écrits!... surtout maintenant qu'on les traduit!

Isidore, jubilant au fond de son être, les regardait d'un œil stupide.

— Jé gombrend bas, prononça-t-il, car en face du marchandage qu'il abordait, l'accent germanique reparut. Je vous ai confié des choses qui m'appartiennent, afin d'avoir votre avis ; vous l'avez donné, je les reprends.

— Combien voulez-vous? lança impudemment une voix.

Manheim regarda tristement ce chanteur empressé, et, sur un ton de pitié véritable :

— Vous ne gombrenez bas! dit-il, vous ne gombrenez bas du tout... C'est incroyaple!

Vous voulez acheter l'infini avec le fini.

— Mais, de votre côté, comprenez donc, monsieur Manheim...

— Moi, je gombrends et c'est vous qui gombrenez pas. Il y a pas deux façons de gombrendre. Ce document n'est pas à moi, vous le savez. Je l'ai acheté à réméré. Il m'est réclamé, je dois le rendre... à moins que j'obtienne du propriétaire...

— Envoyez-nous-le.

— Oh!... oh! oh! ricana Manheim! de cet accent pudibond qu'une scandaleuse confidence provoque. Oh!... oh! oh!... Vous me prenez pour un enfant. Vous ne voulez pas être en mes mains et vous me proposez d'être en les vôtres, oh!... oh! oh!

Mais les autres ne riaient pas, et quand Isidore fit un nouveau mouvement pour s'emparer des pièces, ils s'avancèrent à la rescousse du doyen.

On enveloppait l'ancien marchand d'habits, on le poussait, on le gênait, on lui prenait les mains, les bras.

— Voyons, cher monsieur, voyons !

— C'est inutile ce que vous faites là.

— Ce n'est pas bien.

— Puisque ça ne se peut pas, voyons.

Et ce jocrisse d'Isidore manœuvrait et jabottait de façon à les exaspérer.

Quand il les vit à point montés, il se dégagea d'un coup sec, disant brutalement :

— A la fin des fins, laissez-moi, qué diaple ! Qu'est-ce que c'est donc que ces manières-là ? Je plaisante plus.

Et sa grande main s'avança de nouveau vers le trésor interdit.

Un courant de révolte parcourut l'assemblée. Isidore surprit quelques regards sinistres.

— Ouais !... poussa-t-il d'une voix nasale et caverneuse. C'est dommage que vous n'êtes pas un pouvoir souverain. Il n'y a que les Pouvoirs qui ne rendent pas de compte... et vous n'osez pas en fonder un. Vous n'oserez donc rien contre moi.

Il ricanait bêtement, d'une façon impatien-
tante. Ses adversaires conservaient leur attitude, louchement féroce.

— Vous m'amusez avec vos gros yeux,
reprit Manheim irritant et gouailleur. Vous
ne cesserez donc pas de me prendre pour un
imbécile ? Voyons, qu'est-ce que j'ai peur ? Je
pourrai tomber dans l'escalier... hi! hi!
d'apoplexie, eh bien! vous n'en seriez pas
plus avancés. Les autres continueraient après
moi. Ils ont ce qu'il faut pour cela, vous
pouvez croire. Aussi, c'est pas pour ça qu'il
faut restituer. Mais ça ne vous sert à rien ces
papiers, vous n'en voulez rien faire ; moi, je
les dois, il me les faut. Entendez la chose :
J'ai fait attendre plus que j'ai pu, mais on
s'impatiente, on crie. Le propriétaire attache
à son cuivre une espérance superstitieuse.
Il croit que sa fortune doit sortir de là. Qu'é
que vous voulez faire à ça? Mes retards, mes
absences, mes prétextes et surtout mon dé-
ménagement à la cloche de bois l'ont affolé.
Fallait bien pourtant. Mais, quand même, il

se figure à présent que c'est bien un trésor
sans prix puisqu'on veut pas lui rendre. Faut
pas songer à donner des raisons, c'est fini les
raisons, je suis poussé l'épée dans les reins,
et déjà je suis assigné. Voyez-moi ça! cria-t-
il en tirant de sa terrible poche un papier
timbré, sur lequel il avait prudemment ma-
culé les noms et les adresses, et que cependant il ne voulut pas confier aux mains vers
lui tendues. Assigné à bref délai, ah! ah! la
cause est bonne, et l'adversaire bien conseillé.
Son ami qu'il a, sait la chicane et ne sera pas
manchot, il croit au trésor au moins aussi
dur que le client. Qu'arriverait-il, si je
n'étais plus là pour me mettre entre vous et
la demande? Eh! eh! Je ne sais pas trop.
L'affaire suivrait son cours, mes héritiers
seraient bien forcés de vous appeler en cause
et de fournir des preuves contre vous. Il n'en
manque pas du reste; témoins, lettres,
épreuves tirées sur le cuivre, ça foisonne!
Non, vraiment, vous ne pourriez pas nier.
Vous ne pourriez pas donner les raisons de

votre refus. Tenez, vous seriez réduits à de
misérables défaites. Vous iriez dire que vous
avez égaré, que vous chercherez, que sais-
je? Mais il suffirait de lire quelques passages au tribunal pour lui prouver qu'on
n'égare pas de semblables écrits. Surtout
quand on est vous... Allons, allons, soyez
raisonnables, il faut avoir confiance en moi.
Est-ce que je n'ai pas plus d'intérêt que
vous à ce que ce testament ne reparaisse
pas à la lumière, moi qui veux le mettre en
œuvre? Je m'arrangerai avec le propriétaire,
croyez-moi, j'en réponds.

Sur ce mot qui contredisait toute la thèse
de restitution obligatoire que soutenait Isidore, ils crurent qu'ils le tenaient. Ces habiles, que Manheim amenait à ses fins avec ses
ficelles de métier, pensèrent qu'il venait de
se blouser. Ils ne virent pas le traquenard
du vieux bricoleur, ils ne virent que l'issue
qu'il leur ouvrait, et s'y précipitèrent.

Un d'entre eux, après avoir consulté les
autres du regard pour s'assurer un mandat

en blanc, s'approcha du maître renard, et lui dit, avec politesse :

— Cher monsieur, puisque vous répondez du résultat, ne pourriez-vous pas traiter sans reprendre les pièces ?

— Peut-être oui, peut-être non, cher monsieur, répondit simiesquement Isidore, mais c'est pas votre affaire. Je l'aurais tenté si nous étions tombés d'accord, mais, puisque c'est impossible, je vais chercher d'autres adhérents et pour cela me faut mes pièces. C'est avec ceux qui comprendront que je combinerai mon affaire. Quand ils auront saisi les grands avantages financiers qui peuvent venir de là, ils n'hésiteront pas à me confier l'argent nécessaire pour traiter, c'est eux qui le donneront et pas vous. Et ma foi, mes compliments ! C'est tant mieux pour vous, car il en faudra de l'argent, et beaucoup. Pas un peu, beaucoup... beaucoup, et Isidore tordit le cou, ferma les yeux et poussa un long soupir. Ah ! continua-t-il, c'est que les appétits sont incroyablement excités. Je sais ça par mon fils qui les veille. Et ça se comprend de reste, n'est-ce pas? Et ce sera bien plus fort si je suis visiblement hors d'état de restituer. Si j'ai le malheur de proposer l'argent sans offrir les pièces, on va me demander... que sais-je?... des millions!

Il y eut des gestes d'indignation.

— Oh! soyez tranquilles, fit Manheim avec un malicieux clignement d'œil, je ne les donnerai pas. J'ai un petit moyen, — tout personnel par exemple, — de m'en tirer à meilleur compte. Pourtant, tout de même, ça sera beaucoup d'argent, et il réédita sa grimace et son lamentable soupir. Mais, encore une fois, cet argent je ne le veux pas de vous et pour que l'affaire soit étouffée, je le veux de ceux qui la feront. Eux seuls peuvent mettre le prix, en escomptant leurs bénéfices.

Et comme autour de lui l'embarras et le silence continuaient à régner :

— Vous m'entendez bien, n'est-ce pas? laissa-t-il tomber d'une voix grave, en présentant son visage empreint d'une coriace résolution. Ayant dit, il leur tourna le dos et revint lentement à l'assaut de ses papiers.

La situation était critique.

Le doyen tenait toujours ses deux mains crispées sur le testament. Les plus déterminés adversaires de Manheim restaient groupés de manière à empêcher la prise de possession, mais chacun sentait que la violence n'était pas de mise; que cet homme de précaution l'avait prévue; qu'il était bien capable d'avoir en bas, sur le trottoir, un huissier et un commissaire prêts au constat et à la saisie, et d'ailleurs la justesse et la justice d'une réclamation si bien motivée les laissaient à court d'arguments. Ils ne trouvaient plus la moindre considération à faire valoir, ils n'avaient plus rien à invoquer.

C'était une impasse, et la plus cruelle, car de lâcher le testament... ça, non, jamais!

Tout à coup, au milieu de l'anxiété taciturne, une voix aigrelette s'éleva, et ces mots inexplicables furent lancés :

— Monsieur Manheim a raison.

Tous, d'un vif mouvement, se retournèrent vers l'audacieux.

Celui-ci, jaune, terreux, maflu et passablement scrofuleux, avec un bras en écharpe, amalgamait, dans la souffrance, les contradictions du type hidalgo avec sa race phénicienne. Sa tête trop forte, ornée de cheveux et barbe d'un noir très bleu, était trouée de deux yeux vitreux, fanatiques, fascinateurs. Il se nommait Pinto, on le savait pauvre et instruit, ambitieux aussi.

Son intervention parut redoutable.

Trahissait-il?

Avait-il au contraire trouvé un joint qui les sortirait d'embarras?

Nul n'en pouvait rien discerner.

Mais, comme cette intervention énigmatique émoussait, pour l'instant, l'acuité de la crise, elle causa une espèce de soulagement.

Le jeune et docte atrabilaire l'avait bien prévu et c'est sur cette détente qu'il comptait pour arriver à ses fins.

En jaugeant, d'un coup d'œil perçant, l'ir-
réductibilité d'Isidore, il avait compris que
ses collègues devaient finir par céder et jugé
le moment propice au retournement inévitable. Sûr de son fait, il voulut être l'agent de
la volte-face, pour se ménager les faveurs de
cet ancien brocanteur qu'un premier bond
venait de faire banquier, et dont la vivace
poussée allait, certainement, remuer bien des
choses.

La réussite de Manheim était la chance
unique d'un déshérité comme Pinto. Elle
pouvait un jour le porter aux honneurs de
quelque poste élevé, et d'ailleurs le bonhomme n'avait-il pas une fille, assez laide
pour s'accommoder de son bras apostéma-
teux.

Ainsi délibéré, ce jeune homme supporta,
d'un front impassible, les regards que dar-
daient sur lui tant de méfiances, et après un
court moment laissé à l'étonnement :

— Je crois, dit-il, que le débat est mal
engagé et qu'il importe de le reprendre dans

un sens rationnel, si l'on veut une solution.
Je demande donc à chacun de vous un moment d'attention, et à notre vénéré président
l'autorisation de développer ma pensée.

Sur un signe du doyen, chacun regagna
sa place un peu ému, et, dûment investi de la
parole, le sombre Pinto reprit:

« Manheim a raison de ne pas céder à l'in-
« vitation de parler qui lui a été faite, puis-
« que vous étiez venus pour ne pas l'écouter.

« Il a raison de vouloir traiter avec d'au-
« tres une affaire dont vous ne voulez pas.

« Il a raison de vous réclamer son bien, et
« la résistance, à mon sens, est aussi puérile
« qu'elle est contraire à la justice.

« D'autre part :

« Vous ne voulez pas vous dessaisir d'un
« document si important, et vous avez rai-
« son.

« Quand l'antagonisme est profond et la
« lutte impossible, la conciliation s'impose.

« Il ne s'agit que d'en dégager le terrain.

« C'est là ce que je vais essayer.

« Manheim vous a dit tout à l'heure :

« Avant deux ans vous serez avec moi.

« Moi je vous dis :

« Vous êtes avec lui dès à présent. L'idée
« est éclose et comme elle ne peut manquer
« d'envelopper de ses espérances *la Nation*
« tout entière, elle vous domine.

« Quand le feu est au pailler, il n'est plus
« temps de noyer les allumettes.

« Ne voyez-vous donc pas que les volontés
« qui ont accompagné Manheim jusqu'ici ne
« céderont pas; que ce testament ne vaut pas
« par son texte, par ses supports de papier
« et de cuivre auxquels vous tenez tant, mais
« par les idées et que ces idées, il ne les con-
« tient plus? Elles sont émanées, elles sont
« semées et germent en ce moment dans les
« cerveaux où elles ont été déposées.

« Ne voyez-vous donc pas que vous ne
« pouvez conjurer les dangers dont on vous
« menace qu'en prenant la direction du mou-
« vement?

« Et d'ailleurs, ces dangers sont-ils tels
« que vous les faites?

« Vous craignez d'être pris pour des conspi-
« rateurs? Vous l'êtes, par le fait seul que cette
« boîte de Pandore a été ouverte. Vous pou-
« vez la refermer, creuser un trou profond
« et l'ensevelir, c'est faire un procès au ca-
« davre, condamner celui qui a apporté la
« peste. Il restera toujours quelques hommes
« pour tenter ce que veut Manheim.

« Non? — Soit! vous les avez tous détruits.
« Mais, après l'exécution, vous rentrez chez
« vous, et là — je m'adresse à vos conscien-
« ces — là, vous ruminez le testament
« d'Ybarzabal et commencez à le mettre en
« pratique.

« Allez-vous donc vous suicider pour éviter
« qu'il vous détruise?

« Autre objection : Vous craignez la non-
« réussite. — C'est une crainte salutaire,
« votre examen en sera plus sérieux. Mais
« pourquoi affirmer, de prime abord, l'im-
« possibilité des plans tracés par Ybarzabal?

« Vous n'en savez rien, ni moi non plus, et
« le contraire est soutenable.

« N'est-il donc pas supposable que ce soit
« en vertu des admonitions de ce testament,
« restées en substance dans les mémoires,
« que s'est opérée la séparation du spiri-
« tuel et du temporel?

« En tout cas, cette séparation n'est-elle
« pas définitivement accomplie et le moment
« n'est-il pas venu d'en tirer un parti quel-
« conque?

« Certes, il y a des risques et je ne mé-
« connais pas la légitimité de vos appréhen-
« sions. Mais pouvez-vous croire qu'il suffise
« pour les justifier de déclarer qu'un tas de
« sociétés secrètes sont tombées dans le ri-
« dicule et le sang?

« C'est conclure pareillement de choses
« dissemblables.

« Nous ne serons jamais une société secrète
« puisque nous sommes une société connue
« et tolérée dans ses mœurs et sa religion.

« Les jésuites, les corps religieux militai-

« res, les carbonari et les autres avaient-ils
« donc les moyens dont vous disposez et ten-
« daient-ils au but qu'on vous propose? En
« aucune sorte. Ces sociétés n'étaient évidem-
« ment pas nées viables, tandis que nous
« avons mille fois prouvé combien nous avons
« la vie dure. Elles avaient à former un
« groupe artificiel, le nôtre à l'inverse est na-
« turel et réalisé. Elles aspiraient à devenir
« des puissances autonomes en des temps et
« des lieux qui n'en pouvaient comporter plus
« qu'il n'y en avait ; vous, au contraire, ne
« songez pas à entrer en compétition avec les
« souverainetés existantes. Elles attentaient
« illégalement à des droits acquis et vous
« n'avez à procéder que par des moyens lé-
« gaux à la conquête légitime de la richesse.
« Quand elles avaient recruté, formé, instruit
« leurs adeptes, elles devaient les faire vivre,
« et l'on n'avait pas de budget. Obligées dès
« lors de rabattre leurs prétentions domina-
« trices, elles rétrocédaient jusqu'à l'asser-
« vissement, jusqu'à n'être plus qu'une va-

« riété de l'espèce condottiere, honnies de
« ceux-là mêmes qui consentaient à payer
« leurs services. Tandis que vous, n'ayant
« rien à changer à votre constitution non
« plus qu'à l'ordre social européen, vous avez
« une immense armée, cohésive par sa race
« et sa religion, disposée. dans son esprit et
« ses habitudes, distribuée sur le terrain de
« l'action, pourvue de ressources considé-
« rables et n'attendant que l'organisation et
« le signal pour marcher dans les voies que
« vous éclairerez.

« Et enfin, votre champ d'action n'est
« autre que celui de la finance, mieux connu
« de vous que de personne et qui déjà vous
« appartient dans de notables proportions.

« Autre et précieuse différence. N'oubliez
« pas, messieurs, que notre race est aujour-
« d'hui la seule demeurée en son intégrité.
« Les autres se sont confondues à ne pouvoir
« se distinguer. Le métissage et la mésal-
« liance leur ont ôté le sens de cette grande
« force que nous puisons, nous, dans la soli-

« darité d'origine. lls n'ont plus d'ennemis,
« partant plus d'amis. Une sécurité trom-
« peuse leur a ôté jusqu'à l'instinct de la dé-
« fense.

« Nous sommes seuls contre tous. — Oui.
« Mais nul n'est plus contre nous. Le peu qui
« reste des anciens préjugés hostiles s'éva-
« nouirait aux premiers rayons de la puis-
« sance inventée par Ybarzabal.

« Et vous êtes si heureusement protégés
« par votre différence de culte et son peu
« d'importance prosélytique que votre con-
« clave paraîtra, s'il est découvert, aussi na-
« turel et bien moins inquiétant que celui des
« cardinaux.

« Vous échappez donc à toutes les diffi-
« cultés qui ont entravé les conspirateurs
« dont on invoque l'exemple, à tous leurs
« dangers même, car ici vraiment je n'en
« vois qu'un, celui de se mettre en mouve-
« ment pour une utopie. »

— Ah! ah! n'est-ce point assez! interrom-
pit-on.

« C'est trop, répliqua l'orateur avec un
« imperceptible sourire, et même c'est de ce
« danger et de ce souci qu'il faut vous débar-
« rasser sur l'heure. Vous ne pouvez pas lais-
« ser Manheim et ses adhérents marcher de
« l'avant pour une utopie et, malgré leur pru-
« dence, nous compromettre tous.

« Ecoutez donc Manheim d'un cœur sin-
« cère.

« S'il n'apporte qu'une illusion, vous se-
« rez rapidement en mesure de le voir et de
« lui démontrer l'inanité de ses projets. Il
« n'est pas homme à se buter à l'encontre de
« ses intérêts. »

Isidore, buvant un lait édénique, repoussa
de la tête et de la main l'idée d'un si stupide
entêtement.

« Mais si, continua le brûlant orateur, si
« derrière l'écluse qu'il vient ouvrir, se trou-
« vent les grandes eaux, n'essayez pas d'ar-
« rêter un semblable courant. Vous seriez
« emportés par sa violence, faite d'appétits
« déchaînés et sans nombre. Vous seriez

« contraints de marcher dans son sens, avec
« Manheim ou sans lui. »

Le jeune homme se tut. Mais sa parole ardente avait visiblement remué l'assemblée. Manheim se sentait défaillir, un transport d'attendrissement l'entraînait vers cet Eliacin malingre qui venait de fournir ce qui manquait : la réponse aux objections historiques et l'affirmation d'un mouvement qui, s'il n'était pas chimérique, devait être irrésistible.

Il se leva l'œil noyé et retrouvant, pour l'évacuation du bénissement, le plus pur accent de la rue Bouhaud.

— Jé te rins grâce, fils ! murmura-t-il d'une voix dont les fosses nasales firent tous les frais.

Mais il n'eut pas le temps de s'alanguir dans une émotion si douce ; la parole venait de lui être donnée et le frisson du joueur à son va-tout parcourut tout son être.

Devant cette illustre assemblée, contrainte enfin à le subir, il se sentit si chétif, qu'un moment il crut tout perdu.

L'infécondité la plus nihiliste venait de s'installer dans sa tête. Il craignit de ne retrouver ses moyens qu'alors qu'il serait trop tard.

La déroute — sans appel, cette fois! — passa devant lui, mouillant sa face froide.

Heureusement qu'une horrible quinte de toux vint à son secours. Elle le secoua de telle sorte, qu'il en fut distrait de toutes ses terreurs. Et, quand elle eut lavé ses yeux et récuré sa gorge, il vit clair, parla net, humblement toutefois et en toussant, quand il fallait.

« Messieurs, commença-t-il en mâchant
« péniblement ses mots, ceuss-là d'entre
« vous qui croient que je m'en vais les bouder
« pour leur hostilité ne connaissent pas
« Manheim. Je m'attendais aux difficultés
« de la chose. Dire que j'ai été content? Non,
« je ne le dirai pas, parce que ça serait mentir, mais dire que je vous en veux de votre
« opposition, non, je ne peux pas le dire davantage puisque, au contraire, loin de là, je
« vous en remercie. »

9.

En entendant sonner dans le silence ces banalités que ne savait pas éviter sa langue embarrassée, en surprenant aussi quelques sourires, le novice orateur s'impatientait. Mais il se sentait si bien mordu de foi profonde, qu'il ne se décourageait pas. Même il prit son parti de n'être qu'un diseur barbare et d'un coup de vouloir, rejetant toute fausse honte, il résolut de ne plus courir après les belles expressions qui le fuyaient et de parler comme ça lui viendrait. Au moins, ainsi, ne lâcherait-il pas le fond pour la forme. Cette résolution courageuse allait lui porter bonheur.

« Oui, continua-t-il, je vous remercie, et
« il ne faut pas que ça vous étonne. J'ai tou-
« jours vu, en effet, que les grandes concep-
« tions s'ouvrent malaisément un passage, et
« une trop grande facilité de votre part
« m'eût fait douter de l'importance qui s'at-
« tache au testament d'Ybarzabal.

« Il ne serait pas digne de votre prudence
« de renoncer à de nouvelles objections, mais
« je ne les crains pas. Je suis si sûr qu'elles

« ne porteront bientôt plus que sur les détails.

« Ah ! messieurs, quand nous en serons là, j'ap-
« pellerai moi-même toutes les contradictions
« afin d'être bien garantis de ne pas laisser
« d'erreur derrière nous.

« Au fond, nous sommes d'accord. Vous
« allez voir que nous sommes d'accord. Il
« n'est pas possible que nous ne le soyons
« pas, et le gros fatras qui nous séparait est
« bien près d'être déblayé.

« Récapitulons un peu et jugez.

« Déjà l'authenticité est hors de cause.
« Vous savez être en présence d'un livre con-
« sacré par l'expérience de nos pères, ce qui
« éloigne la crainte d'un piège tendu par
« quelque gredin de faussaire, ou même par
« ce transfuge d'assyrien d'autant plus sus-
« pect qu'il est très profond et rempli d'an-
« tipathie pour le naturel de *la Nation.*

« Déjà nous savons aussi que notre tes-
« tament d'Ybarzabal apporte des aperçus
« politiques et des analyses de pouvoir qui
« ne courent pas les rues.

« Déjà, surtout, grâce au cher Pinto,
« nous voilà débarrassés d'un grand souci.
« Quoi que nous fassions, nous ne risquons
« pas de fonder une société secrète, puisque
« nous sommes une société reconnue, vivant
« au plein jour ; une société vivace, toute
« mûre pour l'avènement des grands jours
« et qui ne peut manquer d'arriver bientôt
« au pays du lait et du miel, surtout si c'est
« vous, ici présents, qui fournissez à ses
« membres dispersés le lien et la direction. »

Débarrassé de ses préoccupations rhétori-
ciennes, le bon Isidore faisait, à chaque
phrase, de véritables progrès oratoires. Il le
sentait, et son cœur en poussait un sang plus
chaud dans les artères. On ne riait plus.
Certes il était bien homme à lâcher encore,
de ci de là, quelque vert méridionalisme.
Mais c'est ça qui lui était égal ! Il irait maintenant jusqu'au bout, et ça ! c'était l'empire
du monde.

Aussi poursuivit-il avec une fermeté
croissante :

« Messieurs, quand la première heure, au
« milieu des chamailleries inévitables, donne
« de tels résultats, ne vous semble-t-il pas
« que la deuxième, plus paisible, soit en
« mesure d'apporter la solution définitive ?

« N'en doutez pas, messieurs, quelque
« rude que soit la seconde étape, nous allons
« la franchir et résoudre, en connaissance
« de cause, ce qui reste des graves questions
« si magistralement posées, dès le début, par
« notre Président vénéré.

« Elles peuvent, je crois, se résumer
« ainsi :

« Le testament ne nous lance-t-il pas à
« la poursuite d'une chimère ?

« Possédons-nous de suffisants moyens
« d'exécution ?

« Ah ! messieurs, vous devez savoir comme
« moi que, si nous voulons sortir de ces
« graves problèmes, il ne faut pas nous
« engager dans les barbouillements des
« embrouillements qui n'en finissent pas.
« Les travaux préparatoires dureraient plus

« que notre vie, sans nous permettre même
« d'aborder la question. Oui! mille fois
« oui ! l'étude est nécessaire, mais elle
« ne doit pas arrèter les décisions de prin-
« cipe, car là-dessus nous sommes en
« mesure de nous prononcer. L'étude est
« faite, archifaite, ce n'est pas moi qui
« vous le dis, c'est la voix autorisée d'un
« homme bien capable en finance, et je peux
« donc, sans témérité, faire appel immédiat
« au bon sens et à la claire vue. Le travail
« profond viendra après contrôler vos pre-
« mières impressions.

« Il en serait autrement, certes ! si, comme
« plusieurs l'ont cru d'abord, nous avions à
« apprécier les idées d'un inventeur finan-
« cier. Ah ! dans ce cas, nous ne nous pré-
« cautionnerions jamais assez, et même, si
« l'on considère qu'il n'y a pas d'étude qui
« puisse prévoir toutes les conséquences
« d'une invention, le plus sage serait de
« renoncer.

« Heureusement, il ne s'agit pas de cela.

« Tout au plus rencontrerons-nous, chemin
« faisant, de nouvelles combinaisons d'inté-
« rêts, auxquelles nous répondrons par de
« nouvelles applications de nos bons pro-
« cédés éternels. Et dites-moi, je vous prie,
« quel est celui d'entre nous qui ne se
« ferait pas fort de les imaginer, au fur et
« à mesure des besoins ? »

Sur ces mots, l'orateur eut son premier
sourire de connivence avec l'auditoire. Aussi,
après avoir ajouté négligemment : — C'est
pour vous jeu d'enfant ! il fit une pause
nécessitée en apparence par le besoin de
mettre son nez en relation avec son mouchoir, mais en réalité destinée à laisser
tasser les bonnes impressions qu'il croyait
déjà voir poindre.

Et le fait est qu'il gagnait de la main, le
vieux bricoleur.

La nette méthode de son début, la justice
flatteuse rendue à chacun, venaient de porter
un nouveau coup aux préventions intransi-
geantes qui avaient accueilli sa mince per-

sonne et ses gigantesques projets. Il les avait ébranlées, d'abord par son élévation à la tête d'une maison de banque, puis, par sa ténacité incoercible, sa réussite à mater les mauvais vouloirs et l'appui qu'il avait su trouver près d'un membre important de l'assemblée. Maintenant il arrivait à une quasi-considération par sa façon d'aborder les monstres qu'on s'était plu à faire surgir de l'œuvre d'Ybarzabal.

On s'en rendait à peine compte, mais la réaction se faisait. Aidée par l'âpre amour du gain, la curiosité se glissait dans l'esprit des plus récalcitrants. Ils en étaient au désir de trouver en ce fumier d'Ennius quelque vérité précieuse. Oh ! simple goutte d'eau peut-être, résultant de la condensation de ces larges vapeurs nébuleuses, mais goutte d'eau fécondante.

Avec la double vue des zélateurs, Isidore suivait ces pensées jusqu'au fond de leurs repaires cérébraux et sa verve s'en emméchait. Son enthousiasme, un moment endormi

par sa prudence, se réveillait versant le chaud
réconfort qui rend la marche ascendante.

« Non, reprit-il, le testament ne nous
« apporte point d'invention, mais il nous
« ordonne de concentrer des efforts que la
« divergence annule.

« Est-ce donc si difficile ?

« Formez-moi votre grand Sanhédrin uni-
« versel, et c'est fait.

« Le grand Sanhédrin, voyez-vous, c'est
« l'avertisseur, le moteur, le régulateur qui
« vous manque. C'est l'organe d'observations
« savantes, d'informations complètes, de dé-
« terminations éclairées dont vous avez besoin.

« Dès qu'il fonctionne, tous les enfants de
« *la Nation*, même les moins initiés, se trou-
« vent membres d'une association naturelle
« qui réunit au profit de chacun les forces de
« tous. Et comprenez bien que pour obtenir
« ce résultat le conseil suprême n'a point à
« faire acte d'autorité, il n'a point à con-
« traindre les uns, inviter ou presser les
« autres. Il n'a qu'à être !

«Index infaillible du mouvement capitaliste,
« qui donc se priverait de le consulter? Qui
« donc serait assez ennemi de soi-même
« pour ne pas obéir à son mot d'ordre quand
« il indiquera les affaires mûres, les terrains
« préparés pour l'exploitation et ceux qu'il
« faut délaisser? Nous irons tous à son appel
« et sous cette unique impulsion nous irons
« d'un même pas, formant un bloc d'un poids
« irrésistible. Il n'y a plus de distance, plus
« d'ignorances. Pour nous, la méfiance dis-
« paraît avec la tricherie sa mère et l'erreur
« son compère. Pour nous, il n'y a plus
« d'impuissance du capital ; un avis sûr en
« fournit l'abondance. Il n'y a plus d'exclu-
« sions mesquines. Tous les nôtres, mieux
« renseignés qu'ils ne sauraient l'être par
« leurs propres yeux, peuvent, d'où ils sont,
« participer, dans la limite de leurs moyens,
« à l'affaire la plus lointaine, la plus grosse,
« la plus difficile.

« Mais ce n'est pas tout. Le conseil ne se
« bornera pas à multiplier vos forces, à

« étendre le champ de votre travail, il perfec-
« tionnera vos moyens. Par le fait même
« de votre soudure à un seul noyau, chacun
« peut donner la main à des frères inconnus ;
« ainsi disparaîtront ces lacunes entre les
« groupes par lesquelles s'évadent tant de
« biens. Vos engins d'enveloppement se trou-
« veront rivés l'un à l'autre. Le conseil les
« disposera et en étendra les lignes de ma-
« nière à ce qu'on ne puisse les traverser, les
« tourner ou les déborder.

« Et puis, il lui suffira d'un geste pour nous
« mettre à l'abri de ces paniques qui font lâ-
« cher la victoire imminente. Elles ne seront
« possibles que chez nos adversaires. »

Assuré de n'avoir donné prise à aucune
objection, Isidore crut devoir faire un nouveau point d'orgue devant son auditoire étonné
et séduit. Vraiment, les écailles tombaient
des yeux.

C'était donc si simple que cela de se rendre invulnérable et de participer à toutes les
ripailles ?

Incontestablement, oui.

Ce n'est pas, à vrai dire, que toutes craintes fussent effacées, qu'il n'y eût plus de difficultés et d'arrière-pensées, mais elles portaient sur d'autres points. Quant à cette nouvelle puissance que Manheim faisait apparaître, on ne la discutait même plus. On la voulait, on en désirait les premières places.

Aussi quand l'orateur reprenant la parole s'écria :

« En vérité, messieurs, lorsque je consi-
« dère l'utilité d'une telle création, je me
« demande comment il se fait que nous
« n'ayons pas été amenés par nos besoins à la
« réaliser depuis longtemps, et pourquoi
« nous avons attendu qu'elle nous soit signa-
« lée par un vieux livre », tout le monde partagea ce sentiment. Chacun, dans sa mémoire, retrouvait le souvenir d'efforts inutiles pour arriver à des groupements, à des informations, à des garanties, et se rendait compte de la facilité avec laquelle il eût écarté des obstacles infranchissables et de

cruelles insomnies, si le Sanhédrin universel avait existé plus tôt.

Mais le bon Manheim continuait :

« Voilà, messieurs la force dont vous dis-
« poserez bientôt, je l'espère, et plusieurs
« d'entre vous doivent déjà prévoir le déve-
« loppement qui en sera la conséquence. Il
« sera si considérable, à mon avis, qu'il est
« impossible de savoir où il s'arrêtera, mais
« n'en soyez pas trop effrayés. Souvenez-vous
« de ce que dit Ybarzabal : « L'or ne se
« perd pas et vous aurez toujours le moyen
« de le retrouver où il sera. »

« Ce mouvement formidable, en effet, sera
« produit avec du papier. Ce papier devra
« faire sortir de terre tout l'or qui s'y cache
« et, une fois venu à la clarté du jour, il vous
« sera facile de le surveiller de telle sorte
« qu'il ne puisse rentrer dans d'autres cais-
« ses que les nôtres.

« Voici comment on peut se figurer le
« grand bouillonnement que je vous
« annonce.

« Il n'est pas un instant douteux, n'est-ce
« pas ? que si votre nouvelle organisation
« vous garantit contre les risques qui vous
« arrêtent, vous allez exciter la production
« par des facilités de crédit considérables.
« Vous prêterez au commerce, à l'industrie,
« à la terre et à la mer.

« Vous prêterez du papier, afin qu'on
« puisse émettre d'autre papier et tout ce pa-
« pier ayant une valeur ne restera pas immo-
« bile dans les tiroirs, il servira à former le
« capital de nouvelles opérations et ainsi de
« suite. Il y aura des abus, tant mieux ! nous
« vivrons des abus sans avoir à les redouter,
« puisque nous serons prévenus des craque-
« ments par notre grand observatoire, mais
« il se produira deux effets en apparence
« contraires et pourtant certains : l'accrois-
« sement du travail et l'enchérissement des
« produits.

« Que pourrait-on souhaiter de plus enri-
« chissant ? »

En touchant à cette question, Manheim,

placé sur son terrain de prédilection, devint
sérieusement éloquent. Il montra l'illusion
inévitable par laquelle la valeur du papier,
qui ne sera réalisée que dans cinquante ans,
un siècle ou même jamais, agit sur les peuples comme si elle était acquise au moment
de l'émission. Comment elle fait supposer
présente et certaine une richesse probléma-
tique et entraîne les porteurs de titres, ceux
qui les émettent et ceux qui en trafiquent, à
escompter les gains futurs pour se livrer
immédiatement à une fièvre de jouissance
qui les précipite dans la plus effroyable consommation.

Ces prémisses posées, le séducteur se plut
à dévoiler le tableau des conséquences. Il
évoqua l'avenir dans une peinture si vivante,
que l'assistance crut le voir se dérouler devant
elle. Chacun suivait des yeux ces filières
économiques si connues aujourd'hui: la soif
de jouir entraînant l'épuisement du produit;
celui-ci, très demandé, devenant cher ; le
travail, excité à combler les vides, exigeant de

plus gros salaires, et comment, en conséquence, tout se précipite vers l'entraînement de la hausse. Le propriétaire augmentant ses loyers, le locataire alors chargeant sa production de nouveaux frais, tout le monde peinant et vendant cher sa peine, achetant plus cher encore le service d'autrui.

« C'est, disait Isidore, un tourbillon cir-
« culaire qui pense à tort pouvoir se repo-
« ser quand il revient au point de départ ;
« car il n'a pas le temps d'y arriver, croyant
« avoir rétabli l'équilibre, que déjà celui-ci
« est dérangé par un nouvel enchérissement
« sur l'objet qui avait déterminé le mouve-
« ment.

« A ce jeu, ajoutait le voyant orateur, tout
« le monde perd, et tout ce qui se perd, nous
« le gagnons.

« Comprenez bien, insistait-il, que le tra-
« vail perd, puisqu'en doublant et triplant il
« laisse au travailleur ce même résultat : la
« vie gagnée sans réserve d'économies ; le
« consommateur perd, puisqu'il voit hausser

« l'objet de son besoin d'autant qu'il se hausse
« lui-même comme producteur. Mais nous
« ne sommes pas des producteurs, nous !
« Nous sommes les plus faibles des consom-
« mateurs, nous ! Nous sommes les inter-
« médiaires des transactions, et comme elles
« abondent, nous ne cessons de gagner.

« Cette espérance du gain par l'enchéris-
« sement, frustrée par l'enchérissement lui-
« même, telle est, messieurs, la source vraie
« de l'impôt prévu à notre profit par Ybar-
« zabal ; et le mouvement ne s'arrête pas à
« ce simple tournoiement, il se multiplie et
« se complique en tous sens.

« La difficulté de vivre en temps de cherté,
« la nécessité de se maintenir sur le pied
« luxueux où l'on s'est placé, excitent l'ac-
« tivité et rendent ingénieux à découvrir et
« créer de nouvelles industries. Le capital
« est très demandé, très facile à l'appel, très
« bon marché en apparence, mais très cher
« en réalité. Car il y a capital et capital, il
« y a le vrai et le fictif, le nôtre et celui

« qui est fait de tout ce papier véreux inon-
« dant la place. Après des essais malencon-
« treux il faut venir à nous et nous ne prê-
« tons pas plus cher que les autres ; seule-
« ment nous demandons à participer aux
« énormes bénéfices qu'on fait reluire pour
« nous décider ; et donc, on nous livre d'a-
« vance les gains futurs, par des majora-
« tions qui sont... ce que nous voulons les
« faire.

« Que l'entreprise soit bonne ou mauvaise,
« nous n'en percevons pas moins notre béné-
« fice. Seulement, si les gains promis sont
« réels, nous gardons le titre, s'ils sont men-
« songers, nous lâchons le papier avant la
« dépréciation que nous sommes toujours
« en mesure de retarder. »

Le brave Manheim démancha sur ce thème
avec une abondance, une conviction, une
onction qui portèrent coup. Des yeux bril-
lants luisaient sous de grosses paupières
remontant comme des grilles d'avant-scène,
pour cacher au public ce qui ne le re-

garde pas. Lui, riait sous cape, à voir ces grands enfants gourmands, tout à l'heure indociles, qui s'amollissaient à l'aspect des premiers hors-d'œuvre, et c'est avec un vif sentiment de supériorité qu'il se décida à servir les entrées du festin.

« Tout cela, dit-il, en ramenant son into-
« nation trop élevée à la gravité qui convient
« à un nouveau départ, tout cela, c'est le
« solide, c'est les assises de notre action
« financière ; mais si considérables que puis-
« sent être les bénéfices qui en proviendront,
« ils sont peu de chose en comparaison de
« ceux qu'on doit tirer de l'agiotage. Voici
« pourquoi.

« Une immense quantité de titres reposera
« sur des conceptions réalisables, pourvues
« d'un certain capital et d'un certain crédit.
« D'autres, plus nombreux cent fois, ne
« reposeront que sur le néant, mais n'influen-
« ceront pas moins la consommation et l'en-
« chérissement. Tous seront portés sur le
« marché. Là, ils vous appartiennent. Là

« ils doivent vous rapporter vingt fois leur
« valeur cotée. Car par vos renseignements
« vous serez les maîtres sur toutes les places
« du monde, et, d'autre part, l'association
« de vos capitaux doit vous donner un tel
« crédit, qu'on verra le public abandonner
« les titres que vous ferez mine de déserter,
« et courir après ceux que vous ferez sem-
« blant de rechercher. Vous pouvez donc
« une fois, deux fois, cent fois, vendre cher
« le même objet et le racheter à vil prix.

« Et remarquez bien que lorsqu'il se
« rencontrera des valeurs dont la solidité
« échappe à ces variations, c'est vous qui
« les posséderez dès l'origine. Elles vous
« serviront de caisse d'épargne.

« Remarquez aussi que dans ce commerce
« des différences vous ne sauriez manquer
« de contre-partie, car en déséquilibrant les
« budgets les plus sages, l'enchérissement
« progressif obligera tout le monde à cher-
« cher un supplément de revenu dans les
« spéculations aléatoires. Vous verrez donc

« à la Bourse, cachés derrière une horde
« de croupiers, de loups cerviers et de vam-
« pires, les hommes qui semblent le plus
« à l'abri des passions du jeu : les petits
« associant des centimes pour composer
« une mise, les gros fondant leur argente-
« rie, la dot de la femme, la terre, la
« valeur de la charge, pour acheter et
« vendre ces papiers bientôt changés en
« feuilles sèches, et, à bout de ressources,
« vendant leurs noms, leurs titres, leurs
« situations officielles, pour aider à la création
« de valeurs nouvelles dont le prix leur
« permettra de tenter encore une fois les
« chances de l'agiotage.

« Il n'y a plus là, vous le sentez, une
« simple augmentation des bénéfices nor-
« maux proportionnés au nombre des tran-
« sactions réelles, il y a conquête du capital
« gisant dans la masse.

« Si vous tenez compte en effet de la dé-
« pense effectuée pour arriver à la posses-
« sion d'un bon titre, — essais malheureux

10.

« sur trompeuses valeurs, changements de
« main multipliés sur toutes par suite de
« hausse et de baisse, etc., — vous arriverez
« à voir que le papier classé aura coûté à
« l'ensemble du pays au moins dix fois son
« prix coté.

« Nous aurons donc acquis les neuf
« dixièmes du capital employé à ces opé-
« rations.

« Rassurez-vous donc, messieurs, sur les
« conséquences de cet effroyable tripotage,
« et dites-vous bien que l'agiotage, plus
« certainement que les affaires régulières,
« sera l'outil créateur de cette immense puis-
« sance sur les hommes qui suit nécessaire-
« ment la mainmise sur l'argent. C'est donc
« par ce canal que sera fournie la protection
« sérieuse, évidente, sans laquelle les plus
« grands succès ne sont qu'un leurre, une
« chausse-trape dorée, la première étape
« de la faillite.

« Permettez-moi donc, avant d'aller plus
« loin dans l'énumération de vos bénéfices,

« de vous entretenir de cette royauté tuté-
« laire qui doit vous échoir.

« Et d'abord, mettez-vous en repos sur
« les dispositions de l'esprit public relative-
« ment à vos manœuvres.

« Tous, petits et grands, seront avec vous
« et pour vous.

« Rappelez vos souvenirs, et déjà, d'ici,
« vous allez vous rendre compte de ce phé-
« nomène curieux, mais indiscutable, à sa-
« voir : que dans les moments de fièvre,
« lorsque les affaires bouillonnent et que la
« spéculation flambe, quand le travail dé-
« borde, quand tout le monde est pressé,
« quand le désir, la passion, le luxe et l'es-
« poir rayonnent, personne ne se plaint.

« Cet enchérissement, ces pertes au jeu,
« c'est la preuve qu'on peut gagner. Il ne
« s'agit, en apparence, que d'être heureux,
« malin, de se livrer au travail, au plaisir,
« à la chance surtout.

« Les banquiers, les lanceurs d'affaires,
« coulissiers et agents intermédiaires, favo-

« risent cette illusion. Par intérêt personnel
« d'abord, puisqu'ils vivent de l'activité du
« marché. Par égard pour vous ensuite, car
« vous les tenez dans le creux de la main,
« c'est vous qui les avez fait naître et pul-
« luler. Privés de vos affaires ! oh ! mais !...
« ils n'existeraient pas. Ils sont les prêtres
« de l'échange et de l'émission dont vous
« êtes les dieux et ils vous maintiendront
« carrément tout le fretin des fidèles ; j'en
« réponds.

« Quant aux gros colliers ? Ah ! messieurs,
« ceux-là ont tant de besoins, depuis qu'ils
« sont emportés par le courant. Vraiment il
« ne leur faut pas des pasteurs pour les
« amener sous le rayon de votre puissance.
« Ils y viendront bien tous seuls. Songez
« donc ! ils n'attendent que de vous la pos-
« sibilité de combler le précipice des dettes et
« de continuer leur train d'entreteneurs.
« Pour ne pas qu'ils chutent de leur haute
« situation, pour ne pas qu'ils soient forcés
« de lâcher leurs places de ministres, dé-

« putés, magistrats, notaires, ou pour qu'ils
« puissent devenir sénateurs, préfets, riches
« époux, directeurs de quelque chose, n'im-
« porte quoi, il faut que vous leur donniez
« des titres à l'émission, des places d'admi-
« nistrateurs, des avis exceptionnels sur les
« cotes prochaines. Monsieur, tirez-moi de
« l'eau ! Monsieur, placez mon fils ! Épargnez
« mon gendre ! sauvez mon neveu ! ayez pitié
« de ma pauvre femme !

« Sa femme ! Ah ! ah ! ah ! Ses femmes !
« ...Les femmes !! parlons-en un peu des
« femmes ! de ces braves femmes, de ces
« pauvres femmes que l'argent gagné piè-
« trement par le travail ordinaire du mari
« maintient à la gésine et dans la lésine,
« tandis qu'elles galopent couvertes de luxe,
« dès que règnent les hasards de la for-
« tune.

« Ah ! ah ! les femmes, je les connais les
« femmes ! Elles sont toutes pour l'accélé-
« ration du mouvement spéculateur.

« Où sont donc les mécontents ?

« Où sont ceux qui pourraient vous ac-
« cuser de leur ruine ?

« Eh ! mon Dieu, il y a deux classes, en
« ces moments, bien éprouvées: les rentiers
« et les employés ; l'enchérissement rogne
« leurs revenus sans leur permettre de re-
« vanche. Cependant ils ne gémissent pas
« non plus. Il y en a peu, en effet, qui ne
« croient voir dans les mouvements généraux
« quelque moyen d'augmenter leur pécule ou
« de sortir de leur ornière d'appointés. Ils
« font des tentatives, ils espèrent trouver un
« joint et d'ailleurs ils sont tous emportés,
« même les mécontents et les sages, par
« l'opinion publique dont les organes vous
« sont absolument soumis, ou plutôt, l'opi-
« nion publique, c'est la vôtre, ses organes,
« c'est vous !

« Ah ! messieurs, pas d'erreur, je vous
« prie, ne pensez pas que je vous prêche ici
« la corruption. Vous n'achèterez ni un
« homme, ni un journal, ni une revue, en
« payant. Ce serait trop cher, trop inefficace:

« argent reçu, payeur trahi. Non. Mais vous
« aurez de grands besoins de publicité et
« chacun s'empressera de solliciter votre
« bonne clientèle. Bientôt tout ce qui s'im-
« prime sera votre fournisseur. Pauvre four-
« nisseur! jamais libre de vous quitter ou
« de se tourner contre vous. Ils vivaient
« bien sans vous, mais désormais ils ne le
« pourront plus. Votre pratique, qui leur
« arrivait comme une bague au doigt,
« deviendra aussitôt une nécessité vitale.
« Pourquoi ? Eh ! parbleu, parce que vous
« aurez facilité la création, la multiplication
« des organes de publicité, d'où la concur-
« rence la plus meurtrière. Ceux-là seuls que
« vous soutiendrez vivront, les autres vivo-
« teront allaités par les fonds secrets ou par
« d'autres moins pingres et plus aléatoires.
« Mais, bien qu'à la demi-solde d'autrui, ces
« maigres tirailleurs n'en feront pas moins
« pour vous la fusillade. Vos concurrents,
« vos adversaires, ont, en effet, les mêmes
« besoins que vous, ils font de la publicité à

« outrance, ils ne laissent pas à une seule
« feuille le pouvoir de dire du mal de la spé-
« culation. Tout est donc tenu par eux ou
« par vous, ce qui revient au même et coûte
« moins cher.

« Ainsi vous le voyez, messieurs, nul ne
« peut échapper à l'entraînement, tout le
« monde doit emboîter le pas, tout le monde
« célèbre votre triomphe en croyant célébrer
« le sien.

« Reste pourtant le Pouvoir.

« Ah! le Pouvoir! j'avoue qu'il ne pourra
« guère se faire illusion longtemps. Pour-
« tant il y a encore des moyens de se bien
« arranger avec lui. Ybarzabal a tout prévu,
« il vous a donné sur vos rapports avec les
« gouvernements des instructions si précises
« et si nettes que je n'ai qu'à vous renvoyer à
« son texte. Mais tout de même, entre nous,
« dites-moi comment un souverain éclairé
« pourrait s'aviser de contredire un emballe-
« ment universel dont il ne perçoit que vague-
« ment les causes? Il trouverait contre lui

« tous ses sous-ordres, si déjà il ne trouvait,
« contre sa conscience, ses besoins et ses
« appétits. Et puis, quand l'œil du gouverne-
« ment sera braqué sur nous, il sera trop
« tard, les moyens de gouverner seront en
« nos mains, il s'en sera démuni peu à peu
« en notre faveur pour satisfaire ses besoins
« et, dans l'embarras, il n'aura de recours
« qu'en vous. Son peuple obéré, ne pouvant
« supporter un seul jour de chômage, lui
« demandera l'adoption des plus immenses
« travaux. Les hauts spéculateurs affamés
« se rueront à la curée de tout ce dont il
« dispose, il lui faudra créer des ressources
« pour chacun, le luxe aura marché, il devra
« faire grand et il faudra emprunter, tri-
« poter, emprunter encore. Donc, vraiment,
« de ce côté, non plus que des autres, il n'y
« a pas risque sérieux de rencontrer un
« obstacle.

« Cependant, car on doit tout prévoir, il
« pourrait se rencontrer un chef d'Etat intel-
« ligent et rétif. Alors comme alors! et

« nous montrerions ce que nous pouvons.

« Que ne pourrions-nous pas, messieurs?

« Cette lutte est trop inégale. Le souverain
« serait bientôt réduit par le soulèvement
« de tout son peuple à qui vous feriez sentir
« ce que pèse le retrait d'un crédit s'appli-
« quant à toute chose, devenu l'unique mo-
« teur de toute la production. Ce peuple,
« fouetté par l'opinion dont vous sonneriez
« les trompettes, vous balayerait son prince
« avec ministres, préfets, les chambres et
« le reste, et vous auriez un mobilier tout
« neuf.

« Allons plus loin pourtant. Supposons
« que les circonstances empêchent ce résul-
« tat. Vous avez encore un bel atout dans votre
« jeu. La guerre est à votre disposition et la
« victoire à qui vous voulez. Car aujourd'hui
« guerre et victoire c'est la même question :
« l'argent !

« Le capital fourni à l'un des Etats, retiré
« à l'autre, voilà la clef des triomphes de
« Mars.

« Abattu par la guerre ou livré par les
« populations, tel est le sort du récalci-
« trant.

« Et si vous voulez encore supposer que
« sa situation autocratique le mette à l'abri
« de tels dangers, il ne saurait échapper à la
« suppression directe. Il y a des conspira-
« tions de palais, des sectaires de la borne,
« des Judith d'alcôves ! »

Quelques bravos discrets, au milieu d'un
murmure approbateur, arrêtèrent l'élan
d'Isidore. La glace franchement rompue
pendant l'exposé financier venait de fondre
sous le rayon consolateur de la protection
assurée. Il n'y avait plus à bouder contre
tant de richesse et de puissance, on pouvait
se livrer franchement et réparer par son zèle
l'effet d'une opposition maladroite.

L'assemblée était sous le charme ; le vendeur de lorgnettes, grandissant à chaque
parole, était devenu aussi haut que le pouvoir dont il était précurseur. On le trouvait
puissant, convaincant et modéré, on sentait

qu'on pourrait plus, bien plus qu'il ne disait, et la modération faisait à sa grandeur nouvelle un admirable piédestal.

— Monsieur Manheim, dit le président, pendant que l'orateur s'épongeait le crâne, si vous avez besoin de repos, l'assemblée réservera avec plaisir son attention bienveillante pour le moment où vous reprendrez la parole.

— Je vous suis reconnaissant de l'intention, vénéré maître, répondit Isidore en s'inclinant, mais il me reste si peu à dire que je crois pouvoir achever sans interruption.

Et le silence, un moment troublé par la dilatation de tant de visions de lucre en tant de poitrines gonflées, s'étant rétabli :

« J'aurais en effet fini, messieurs, reprit l'o-
« rateur, car à des intelligences comme les
« vôtres il n'est pas besoin de mâcher les
« morceaux, s'il ne me restait à vous faire
« part d'une observation à laquelle je trouve
« du piquant : c'est que notre force, déjà si
« grande par elle-même, devra largement se
« trouver doublée par celle de nos concurrents.

« Je vous ai déjà signalé ce phénomène à
« propos de Presse, mais il s'étend à la tota-
« lité de notre action. Vraiment, ou je me
« trompe fort, ou ce sont nos adversaires
« eux-mêmes qui deviendront nos pour-
« voyeurs, nos protecteurs et même le bouc
« émissaire. »

Le cruel sourire, qui dans la chambre
d'Octave avait illuminé la face d'Isidore
lorsqu'il se vit en mesure de reprendre avec
sa boîte à bijoux l'argent versé pour acquérir la malle, vint en ce moment se poser sur
ses lèvres baveuses. Il continua donc avec
un accroissement de bonne humeur.

« Vous comprenez bien qu'en voyant cha-
« cun de nous réussir infailliblement les
« opérations les plus délicates et les plus
« considérables, il n'est si maigre faiseur,
« si petit agent d'affaires qui, dans son igno-
« rance des causes de notre force, ne sup-
« pose qu'il suffit de nous imiter pour réussir
« à son tour. Cette excitation à la concur-
« rence augmentera beaucoup le mouve-

« ment des affaires et nous rendra invio-
« lables. C'est elle qui sera la source émis:
« sive de ce grand flot de papier sans ra-
« cine qui favorise tant l'agiotage. Elle a de
« plus le singulier mérite de nous dissi-
« muler derrière la tourbe de nos émules.
« Nous faisons comme eux, comme tout le
« monde, les malheureux ne pourront donc
« pas nous montrer au doigt.

« Ensuite ce sont nos concurrents qui se
« chargeront de légitimer tous les agisse-
« ments financiers un peu captieux dont on
« a quelquefois besoin. Contre les mécon-
« tents et les légistes, ils feront trouver les
« arguments défensifs par leurs avocats,
« leurs clients, leurs employés.

« Enfin c'est eux qui feront venir à nous
« l'argent du public et le porteront sur le
« parquet de la Bourse où nous le récolterons
« dans leurs mains, sans avoir sur nous
« l'odieux d'un arrachement dans les poches,
« sans avoir la responsabilité des ruines.

« Ils feront donc à la fois office d'écran,

« de défenseurs, de rabatteurs, d'éponge
« toujours prête à se laisser exprimer, et,
« pour fonctionner de la sorte à notre service,
« c'est euss' qui payent ! »

Sur ce mot vainqueur Isidore élargit son
terrible sourire. Il lui fut répercuté par toutes
les bouches.

Alors, débordé d'allégresse, il s'étendit sur
ce sujet de la concurrence dont il fit séance
tenante un véritable poème. Repassant, dans
ses grandes lignes, tout le mouvement qu'il
avait esquissé, il montra les rivaux pris dans
ce réseau de la puissance juive et fondant ce
qu'il y a de plus creux et demande le plus à
s'emplir : des Banques ! des Banques ! et encore des Banques !! Banque de ceci ! Banque
de cela ! Banque de par ici ! Banque de par
là ! Crédit d'une chose et Crédit d'une autre !
Grand Crédit ! Immense Crédit ! Crédit uni--
versel et Crédit des Crédits ! Il suivait leurs
actions, leurs actionnaires, leurs procédés.
Il montrait les foules assiégeant inutilement
des guichets fermés à l'heure même de l'émis-

sion et courant à la Bourse 'se procurer, à tout prix, un titre dont le capital était fait avec les actions de la Banque, qui n'avait pas de capital. Il voyait ces banquiers héroïques lançant leur clientèle d'affaire en affaire, extirpant son dernier sou, le jetant sur le marché, le perdant, puis, après avoir dévoré leurs gogos, il voyait les Banques dévorant les Crédits, et les Syndicats les Banques, enfin les victorieux, les ogres, les grands Croche-tout venant se briser, pots de terre, sur le roc de *la Nation*.

Et il était si entraîné, le bon Manheim, qu'on voyait filtrer des pores de sa face la béate sensualité du pontife anthropophage qui égorge à bon escient.

Il grinçait de rire en prévoyant que, faute de connaître la cause de leurs ruines successives, ces illustres matamores en trouveraient les raisons les plus inattendues; qu'ils accuseraient le gouvernement et les jésuites, les principes de 89 et la réaction, l'utilitarisme, le dilettantisme, la sociale, les ma-

nœuvres du Parlement, les grèves d'ouvriers,
la liberté de la presse et les amours de
M. X...; qu'ils en dénicheraient les causes
dans les faillites d'outre-mer, les canards
des puffistes, les faiseurs, les gogos, le télé-
graphe ; les conspirations anglaises, améri-
caines, franc-maçonniques ; les Internatio-
nalistes et les machines, sans oublier les
noirceurs courtisanesques, l'insuffisance d'in-
struction populaire, les canailleries du souverain, la maladie du ministre, les infamies
de la police, et qu'enfin, à bout d'accusés,
ils appelleraient cela LA CRISE !!!

Il les montrait équilibrés de frais par de
tels ingénieux motifs, les étayant de preuves
saugrenues et courant de plus belle, avec ces
inepties, à la recherche d'une nouvelle couche
de clients et de la chute qui les attendait.

Et pendant ce temps, nul ne les voyait,
Eux ! qui étaient les maîtres. Le papier, soulevé par tous les râteaux de la place, rendait
l'or puisé dans les paillasses et bas de laine,
il retombait, il regonflait jusqu'à ce qu'il fût

devenu vil chiffon, et l'or, s'écoulant sur un sol machiné d'avance, allait par mille canaux invisibles, affluents d'un Pactole souterrain, grossir le lac inférieur où gîtait l'or de *la Nation*.

Là, il n'était plus soumis aux simples lois de la pesanteur qui l'avait entraîné vers la masse occulte, il devenait capable de mouvement, son organisme prenait l'aspect d'un poulpe énorme, d'un monstrueux encornet, dont les milliards de tentacules rétractiles avançaient, reculaient, palpaient, suçaient et se portaient partout où l'absorption trouvait pâture.

Pressée du poids de tant d'idées endiablantes, la parole de Manheim, tantôt jaillissait en lance rigide et brisante, tantôt s'étalait tournant en remous énormes. Sa voix devenait ronflante, berçante, glissait parfois et parfois mugissait contre l'obstacle, pendant que de sa large bouche s'envolaient en mousse blanche les innombrables flocons oratoires d'une salive épaissie. Sous la vigueur de ses touches, au son de cet or mouvant, grouillant, circulant et pompant, l'assemblée bondissait ; elle se mêlait à la discussion, non plus seulement par des bravos, mais par des mots corrosifs, des conclusions savantes, des imprévus saisis à la volée, des inspirations ! — aigres coups de burin notant de valeurs le croquis d'Isidore. Elle entraînait et portait l'orateur, lui soufflant un chiffre, une date, inventant d'un mot les moyens de rafler, de cacher, de lancer, de reprendre, d'élever, de tenter et d'abattre, de tuer même, et surtout d'empocher.

Elle vivait la coupe, la recoupe, l'archi-coupe.

Isidore, enfiévré, pérorait, ripostait, invoquait, bénissait et suait.

On l'éperonnait, il caracolait !

Ses flèches barbelées, trempées dans je ne sais quel venin de moustique, pleuvaient sur l'assemblée, provoquant de concupiscentes démangeaisons, un furieux besoin de commencer la danse.

Le sordide enfant de la rue Bouhaud se transfigurait. Les déformations malencontreuses de son type s'agrandissaient en monstruosités surnaturelles. Sa maigreur osseuse, sa longueur voûtée et dégingandée, ses traits creusés dans la chair terreuse, ses yeux crépitants au milieu de leur bordure décomposée, sa grande lippe avide, en faisaient un être hors de l'humanité, un génie de l'or rapace.

Et quand, en finissant, il étendit ses grands bras, qui s'élancèrent hors des manches, velus, minces et si noirs qu'ils disparaissaient dans l'ombre, laissant traîner au loin dans l'espace des mains qui parurent ainsi se détacher de l'homme et voléter au-dessus des trésors, des mains indépendantes, des mains magiques et captantes, des mains fées dont les longs doigts noueux s'allongeaient et s'agitaient d'une mystique trépidation, il sembla que de chacun de ces doigts griffus découlait un fleuve d'or dont l'orateur remuait et gonflait les eaux, assemblant, dis-

persant, appelant le jaune métal, le semant,
l'éparpillant, le reprenant, le récoltant, l'exci-
tant, le domptant. L'homme alors un moment
disparut. On vit, en sa place, je ne sais quel
dieu composite, fait de Mammon et de Mo-
loch, devant lesquels les hommes allaient infailliblement sacrifier leurs biens, leur honneur, leurs femmes, leurs enfants et même
l'espoir des générations futures, par une mu-
tilation volontaire.

Le grand Sanhédrin universel fut consti-
tué, le soir même, avec les membres présents.
Des places importantes, réservées pour les
étrangers, durent leur être offertes, dans le
plus bref délai, par Manheim et Eli Cohn dé-
pêchés en ambassadeurs.

L'assemblée était grisée. Les félicitations
succédaient aux congratulations. Isidore ne
savait auquel entendre. Et comme il était
bon prince ! comme il retrouvait son traînant
et nasillard organe méridional pour faire le
bon compagnon !

— Dis donc, Samuel, dis que tu ne m'en veux

pas comme je t'ai tombé? Allons, allons, tant
que nous y sommes, viens m'embrasser, fils!

— Monsieur Manheim...

— Que la crique te croque, Monsieur *de* ben
Zaccar, tu peux plus m'appeler *Zidore* sans
te déchirer la langue.

— Ah! mon vieux Véga, quel triomphe!

— Tiens, c'est toi Dacosta, tu veux plus
m'avaler, au moins, fils! Tu réserves ton ga-
nurot pour une meilleure goulée. Eh bien!
là! viens me le dire, comment que tu la
trouves, la soupe que je t'ai trempée? Ah! tu
peux t'en fourrer depuis le gousier truchi le
ventre, te gêne pas, fils! il en restera pour
le Cabernan.

— Cet excellent bon! je te croyais pas si
capable!

— C'est sublime! c'est écrasant!

— Taïse-té, Zabulon, je mérite pas tout ça,
c'est Pinto qui a crevé la poche. Ah! le voilà,
ce brave! Tu sais fils! tu viens avec moi en
tournée, *la Nation* peut pas [se passer du
coupant de ton rasoir.

— Vous devez avoir soif, Isidore?

— Non, j'ai assez bu mes larmes avant que de parler.

— C'est le fils Arthur qui va être content, tout à l'heure!

— Non.

— Comment ça?

— Pas tout à l'heure.

— Ah!

— Puisque il sait déjà.

— Fichtre !

Quelques regards s'échangèrent.

— Parbleu, tiens! tu n'as pas vu! quand Isidore a soulevé le rideau.

— Ah! le brigand! en a-t-il dans ses poches de la ficelle!

— Tu vas lui donner cent sous au moins, à ton drôle, pour sa peine?

— Je lui donnerai le fouet, pour pas qu'y se gonfle avant l'heure.

Mais tout en savourant les joies du triomphe, en ripostant à tout et à tous, en discutant certains détails, en soulevant des objections, le maître vautour se gardait d'oublier ses petites affaires. Il n'était pas de ces poètes à qui les buées de la gloire et les promesses de l'avenir enlèvent le sens du présent, et qui se croiraient déshonorés en laissant pénétrer la vulgaire maritorne et son écumoire, dans le sanctuaire habité par la muse victorieuse. Donc, lorsque tout fut arrêté, conclu, bâclé et qu'on fut sur le pas de la porte avec promesse d'un revoir prochain, il rappela ses confrères et leur demanda ce qu'ils décidaient relativement aux poursuites dirigées par le propriétaire du testament.

Bien qu'il fût soupçonné d'avoir fait établir lui-même ces poursuites et de tenir prêt le bâillon qui devait les étouffer, on entama la discussion.

Plusieurs voulaient ruser, substituer aux tablettes d'Ybarzabal d'autres semblables d'aspect, mais portant des caractères arbitraires.

Manheim refusa une mission si peu honorable. Il avait promis, il devait tenir ;

d'ailleurs on n'avait pas le temps, le feu gagnait la paillasse.

Après de longs débats, on dut enfin le prier d'acquérir à tout prix le talisman de Phlogistique. Alors il énuméra les difficultés du marché. A l'échéance du réméré il aurait eu l'objet pour quelques louis, mais l'occasion était perdue. Ses manœuvres dilatoires percées à jour le plaçaient en face de prétentions exorbitantes. Si seulement on avait pu risquer la restitution des tablettes en feignant de n'en plus vouloir, bien certainement le propriétaire reviendrait les offrir et l'on serait le maître. Mais c'était un jeu trop dangereux. Il pouvait ne pas réussir, et quel désastre s'il fallait ensuite courir après !

Le mieux, d'après Isidore, était donc d'accepter ferme la première proposition, ou, en cas d'exagération, d'y répondre du tact au tact, par une offre moindre, mais acceptable.

C'était une question de flair, fallait pas rater, mais de toute façon il était nécessaire de pouvoir jeter là quelques centaines de mille francs.

On se récria. Il insista.

L'avarice en donnant le sens de la résistance, n'en fournissait pas les moyens. Sur quelles bases aurait-on pu établir un chiffre ? Manheim seul possédait la clef du marché.

Il fallut céder.

Donc, en principe, il fut décidé qu'on payerait; mais, qui payerait? On proposa une cotisation. L'idée prit faveur, mais la querelle renaissait sur le quantum de répartition. Il fallait en trouver les proportions, et c'était demander à chacun le chiffre de sa fortune. Quelle plaisanterie !

Tout était épineux. On n'en sortait pas. Pourtant, Manheim eut une idée. Il demanda que la somme fût prise sur le trésor du temple, lequel serait remboursé, plus tard, sur le fonds commun du synode universel. Le vieux renard savait bien que personne ainsi, n'étant directement atteint, chacun pouvait se montrer facile.

L'expédient fut adopté, mais la somme restait toujours à fixer.

On avait déjà pataugé sur ce terme où les éléments d'appréciation faisaient faute. Tous se sentaient désarmés, inquiets, réfractaires. Alors, tablant sur leur indécision, Manheim proposa un forfait assez élastique. Il demandait deux cent mille francs comptants et se chargeait d'avancer le surplus jusqu'à la constitution de la caisse synodale.

Les malheureux marchandeurs en eurent froid dans le dos.

Où ne pouvait pas conduire un tel blanc seing?

Entre les mains d'un si terrible Isidore!

Et le plus dur, c'est qu'on ne pouvait montrer à cet ogre la méfiance qui sanglait les cœurs.

Dans cet estrif, il fallut en venir où tendait le marchand d'habits. On traita avec lui, pour deux cent cinquante mille francs, payables dès le lendemain au matin.

Ce ne fut pas sans peine.

L'infortuné Manheim n'osait vraiment pas se risquer. Bien sûr il y laisserait quelques lanières de sa peau. Pourtant, enfin, par dévouement, il consentit, pour ne pas faire manquer l'affaire.

Mais il en tremblait !

IV

PHLOGISTIQUE

Le lendemain, à l'ouverture de la caisse qui lui avait été désignée, Manheim palpa deux cent cinquante billets mâles et, dès qu'il fut rentré chez lui, il envoya le fils Arthur chercher Phlogistique chez Octave.

— Surtout reviens pas sans, avait-il dit en le voyant s'éloigner, et, resté seul, il médita, les yeux clos, préparant sa mise en scène dont le décor n'était pas le moindre élément.

L'ancien taudis de la rue de la Harpe avait été abandonné avant le retour d'Isidore, et la famille occupait maintenant un appartement assez convenable dans la rue des Fossés-Monsieur-le-Prince. C'était Arthur qui, sur des ordres venus de Strasbourg, l'avait loué et meublé à la hâte, de la défroque de quelque hôtel garni.

Bien que médiocre et plus que vulgaire, cette installation, comparée à la précédente, représentait pour les Manheim les ébats d'un luxe tant soit peu scandaleux. Elle devait donc impressionner Phlogistique, et le vieux marchand comptait un peu sur l'éblouissement de la sensuelle grisette pour réaliser des visées dont celle-ci ne pouvait avoir le moindre soupçon. Le but était louable autant que la tâche était ardue. Le triomphateur de la veille ne se dissimulait pas la délicatesse de l'entreprise. Avant tout il devait ramener à lui et de loin, cette jolie fille indépendante qui allait lui arriver fort mal disposée et non sans motifs.

Aussitôt en possession des fonds annoncés par Octave, elle s'était en effet présentée à l'ancien logis pour racheter son fétiche. On l'avait d'abord amusée de prétextes, et même Arthur, qui ne quittait plus la niche depuis le départ du père, avait réussi à la distraire quelque peu par des agaceries auxquelles sa friandise la faisait mordre. Cependant elle s'était lassée de revenir inutilement. Elle avait crié, pleuré, menacé ; mais quand, au lendemain d'un esclandre inquiétant, elle se présenta crânement décidée à fourrer dans le plat les gros petits pieds qui débordaient ses souliers découverts, elle trouva porte de bois et s'en retourna furieuse.

Ce jour-là, le pauvre Octave accusé d'avoir fait perdre le talisman avait *proprement écopé*.

Isidore, très au courant de ces circonstances, attendait la créancière dans *son salon* avec une certaine anxiété. Aussi, quand il la vit entrer d'un air dégagé, croquant à belles quenottes des marrons insuffisamment cuits, payés par Arthur au cours de la route, fut-il prêt à s'épanouir.

— Eh bien ! ma fille, cria-t-il de loin avec un accent de bonne franquette, il n'est pas perdu ton joujou, je vais te le rendre. J'ai pas pu plus tôt... parole... j'étais en voyage. C'est un retard que je te compenserai par un petit cadeau. Tu veux-t'y, dis?

Il souriait d'une horrible façon, engageante.

— C'est pas tout ça, répliqua-t-elle rembrunie, j'ai plus l'argent.

— Tu n'as plus l'argent? sursauta Isidore bridant sa joie, mais commençant à soupçonner que les anges de Jacob se mêlaient de ses petites affaires.

— J'ai plus rien, répéta la grisette faisant claquer sous ses palettes l'ongle de son pouce, et, rappelant l'humeur de ses déconvenues, — c'est du propre ta conduite, ajouta-t-elle, de faire comme ça promener le monde pour rien. Avec ça que je crois que tu l'as pas fait exprès de t'en aller pour que je mange les sous en t'attendant. Ça s'appelle se ficher du monde, entends-tu? Mais si tu crois que ça se voit pas, bernique.

— Mais non, tu te trompes, interrompait Isidore, qui ne voulait pas laisser monter la soupe au lait.

Il avait pris son air innocent et plat.

— Tu te trompes, répétait-il, et la preuve
c'est que ça ne fait rien, l'argent. Nous allons
tâcher de nous arranger sans. Je veux pas
que tu sois fâchée. C'est pas ma faute, parole ! mais ça ne fait rien, c'est encore moins
la tienne puisque tu l'avais, l'argent. Je veux
pas qu'il soit le dit que la petite à mon vieil
Ybarzabal aura été mise dans la peine par
Vég... Manheim.

Il avait l'œil plein de bienveillance et de
promesses. Pressentant qu'elle allait gagner
quelque chose à la faveur de l'incident, Phlogistique se calmait. En entendant le marchand hésiter entre ses noms de rechange,
une gaieté moqueuse la dérida, dissipant ses
rancunes,

Arthur profita du moment où s'affirmait
la détente et s'esquiva pendant que son père
assis attirait la jeune fille entre ses genoux
pointus, en lui tapotant les mains.

— Je parierai bien quéque chose, reprit
Isidore en faisant risette, que tout à l'heure

tu vas me dire merci de m'en être allé comme ça à Strasbourg, sans crier gare.

— Ça dépend, répondit Phlogistique minaudant en femme qui a des conditions à poser.

— Tu vas voir, ma chère! Voyons voir d'abord. Est-ce que tu ne m'as pas dit que c'était ta fortune, ces vieux cuivres?

— C'est maman qui l'a dit, et je la crois.

— Tu n'as peut-être pas tort. Et, qu'est-ce que tu dirais, là, voyons, si ta fortune, était faite et que le père Manheim te la fourrât dans la main!

Comprenant qu'il y avait anguille sous roche, elle ouvrit très grands ses grands yeux avides.

— Ne me fais pas languir, lança-t-elle énervée.

— Ah! vois-tu, reprit câlinement le séducteur, je t'aime plus que tu ne penses, et depuis que je t'ai vue pour la première fois j'ai bien souvent pensé à toi comme à une fille que j'aurais trouvée; une bonne fille,

bien jolie et que je voudrais tant qui soit heureuse,... tout de bon... et bien riche. Et si tu
veux m'écouter, je crois bien que tu pourrais
être tout cela. Ça ne serait pas long... que je
pense. Je commencerai d'abord par te donner
beaucoup de l'argent pour le cuivre du pôvre
vieux et puis après, moi, je te ferai ta position
avecque ta fortune. Moi, je le peux,... fie-
toi-z-y au père Isidore.

Il avait l'air si attendri, si sérieux, si
paterne, si sûr de l'enrichir, qu'il en vint à la
familière grisette du respect pour ce décharné
qu'elle avait connu dans de si grotesques
conditions.

— Comment entendez-*vous* ça? dit-elle
en mordant son pouce et inspectant la cor-
niche.

— Je vas te dire. D'abord voyons voir un
peu, combien tu veux vendre?

Elle hésitait, craignant de rester au dessous de cette valeur de circonstance, craignant aussi de faire manquer le marché par
des prétentions désordonnées. Isidore riait

de son embarras qu'il comprenait comme s'il eût été à sa place.

— Voyons! ma fille, tu n'oses pas? c'est pas bien, ça. Il faut oser avec son bon papa Manheim. Voyons voir, combien qui te ferait plaisir? Allons dis... quelques bons billets de mille?

Plus vite que l'éclair, elle pensa trois d'abord, puis cinq, puis dix... C'était beaucoup!... on rabattrait... mais elle ne se décidait toujours pas à lâcher le mot irrévocable.

Tout à coup, se ravisant:

— Ça ne comptera pas pour la fortune, n'est-ce pas? C'est dit.

— Non, non, ça ne compte pas. C'est à part, c'est le petit présent pour la peine que je t'ai fait, sans vouloir. La fortune ça va venir tout de suite après, à moins que tu ne veuilles pas?

La tête aux jolis méplats charnus fit un mouvement gracieux et la bouche s'ouvrit riant silencieusement.

Subitement elle se décida.

— Moi, je veux, fit-elle ardente et vibrante. Si vous faites ma fortune j'accepte douze mille francs pour le cuivre, sinon, rien de fait.

Elle avait lancé cela tout d'un trait, rapidement, comme si l'élan eût été nécessaire pour franchir un si gros pas. Puis s'évadant des jambes d'Isidore, elle s'alla camper hors de portée.

L'autre, plissant le front, avançant les lèvres dans un affreux geste de moue, ricanait sourdement, mais ses yeux mouillés débordaient l'attendrissement.

— Tu dis : douze mille? répéta-t-il en redevenant grave.

Phlogistique pâlit, et, sur le point de répondre : — Est-ce que c'est trop? elle se révolta contre ses scrupules, comprit la faute qu'elle allait commettre et nettement accentua :

— Oui !

— Eh bien! c'est pas assez, répliqua Manheim poussant un rire sauvage.

Est-ce qu'il se moquait d'elle?... Mais non... mais si...

— Et la preuve, continua-t-il en massant des billets, c'est qu'en voilà vingt mille pour l'affaire.

L'œil allumé de la petite et son aspect trépidant l'amusaient à tel point qu'il ajouta gaillardement :

— C'est ça qui t'attrape !

— Vous êtes donc bien riche? murmura-t-elle en posant ses mains en moiteur sur les billets qu'il abandonna lentement.

— Je suis le patron d'une grande banque: La maison Manheim et Cohn. Avant peu tu la verras la plus grosse de toutes.

Elle répéta :

— Manheim et Cohn, avec un grand air de vénération.

— Eh bien! reprit le bonhomme, maintenant que tu sais ma position, tu dois comprendre que si je m'amuse à te payer vingt mille francs ta petite machine, c'est qu'il y a des raisons pour ça. C'est que je veux que tu aies le cœur content pour écouter ce que j'ai à te dire pour ta fortune.

— Oh! vrai alors! que je le suis donc contente! s'exclama-t-elle en frappant des mains, heureuse de donner un peu de large à sa joie qui l'étranglait.

Manheim se grattait la tête et tournait sa langue. Phlogistique attendait, excitée, que la parole jaillît.

— Voilà, dit-il enfin. Mon Arthur a sa part dans la maison... Il est gentil, le fils Arthur...

— Oh! oui, lança convaincue la *terre inflammable* qui avait compris. Il est bien joli. C'est à cause de lui que je ne me suis pas trop fâchée.

— Eh bien! ma fille, épouse-le. Tu auras deux cent mille francs de dot, à toi, tout de suite, pour commencer, et avant peu des vrais chevaux, des bons diamants, de ceux qui ne vont jamais chez ma tante et tout ce qu'il te faudra. Pas pour le temps d'une bordée, entends-tu, pour toute la vie.

C'en était trop. Deux cent mille francs !
Elle eut un doute... Il était fou... Il gâchait
l'argent... On allait lui reprendre les billets !
Son regard devint stupide pendant qu'elle
répétait en mâchonnant :

— Deux cent mille francs !

— Versés ce soir, en signant le contrat.
Ils sont là, fit le banquier ouvrant un tiroir.
Et, froissant la masse de billets dont il était
bourré : — Ils attendent, dit-il, le bon plaisir de la petite à mon vieux Ybarzabal.

Elle croyait, elle doutait... tant d'or !...
pourtant elle voyait. Elle eut un vertige... la
peur ! comme dans un cauchemar. Isidore en
proie à la fièvre de la richesse lui serrait
atrocement le bras, mais ses tempes étaient
bien autrement serrées. Alors elle appela la
délivrance, fit un effort, se dégagea et se posant effrontément en face du tentateur.

— Ah çà ! dit-elle d'une voix râlante,
qu'est-ce qu'il y a ?... Faut pas jouer avec
ça... Ça ferait trop de mal... Il faut dire !...
Pourquoi offrez-vous tout cela ?... On ne

donne rien pour rien…Qu'est-ce qu'il me
faudra faire?

— Epouser, ma fille! épouser, ma fifille!
te frappe pas. Epouser, voilà tout; être heureuse; me donner beaucoup des petits Arthur
bien jolis comme toi. Je les aimerai tant, ils
me viendront d'Ybarzabal que j'aimais tant,
et c'est toi, c'est eux qui hériteront de cet
amour. Voyons, sois gaie. Je peux le faire,
que je te dis. Je ne te demande rien… seulement… Ah! seulement.

— Quoi? voyons, dites le seulement.

— Eh bien, si tu veux me faire bien plaisir, tu placeras les fonds de ta dot dans la
maison Manheim et Cohn. Ce sera l'apport
de ton mari.

— Allons donc! comme j'ai eu peur… vous
pouviez donc pas le dire tout de suite, vilain
homme!

Elle eut un grand soupir de soulagement et
revenant à la charge avec un sourire sceptique:

— Et combien que ça rapporte dans la
maison? demanda-t-elle mutine.

Il eut un élan d'orgueil. Ah! comme il l'avait bien jugée. C'était vraiment sa fille, celle-là !

— On ne sait pas, répondit-il en levant les bras, comme empêché de compter tant de richesses futures. C'est une si grosse affaire ! Si c'était une petite affaire, je te dirais : 50... 60 p. 100... Mais c'est une si grosse affaire !.. Il y a des millions et des millions à gagner. On ne sait pas ! Qui peut savoir ? Mais c'est une si grosse affaire !.. Tiens, veux-tu que je t'assure un petit minimum de 20 p. 100 ?

— Oh ! oui, faites cela. Je serai plus tranquille. Mais dites-moi, monsieur ?

— Appelle-moi papa. Dis-moi tu. Veux-tu-t'y, dis ?

— Eh bien ! papa, reprit-elle en minaudant avec des grâces de chat-oiseau, puisque l'affaire est si bonne, je mettrai aussi les vingt mille francs dans la maison. Tu nous donneras bien quelques sous pour nous établir, ça suffira.

Isidore n'y tint plus. Ses douces larmes débordaient. Il se leva et la pressa sur son cœur.

Il la tenait, la tête enfoncée dans son gilet, pendant que ses yeux élevés au plafond semblaient s'enivrer de rêveries bibliques.

— Tu es bien nommée Judith! prononçat-il lyriquement, tu sauves le peuple d'Israël!

Puis, s'étant calmé, il se rassit et tirant de son éternelle poche une feuille de papier timbré, il commença à faire courir la plume.

— J'écris... ta ta ta... Entre Isidore, etc... et Judith... etc... ta ta ta, ta ra ta ta... etc., etc... Je dis: que tu me vends le testament d'Ybarzabal, pièce antique et curieuse, gravée sur cuivre de caractères inconnus... etc. Lequel tu as hérité de ton grand-oncle... etc., etc... Et aussi les parchemins écrits en hébreu, de la main dudit Ybarzabal... etc. Pour la somme de cinquante mille...

— Non, vingt comptant...

Il lui jeta un regard de triomphe et reprenant d'une voix forte :

— Je dis: pour la somme de cinquante

mille francs versés comptant, plus deux cent mille francs qui seront payés à la signature du contrat... etc... etc... Ah! ah! ah! Hi! hi! hi! Patati, patata, ça y est. C'est fini. Tiens ma fille, signe là, tout en bas. Te faut mettre au-dessus: Approuvé l'écriture.

Phlogistique approchait la plume du papier, la relevait, la roulait entre ses doigts, rouge, soufflante, abrutie de ce dernier coup de trente mille francs qui venait de lui tomber sur la tète; attendant peut-être encore du ciel la chute d'un nouveau bolide en or massif. Deux fois, sur le point de signer, elle s'arrêta et, tout à coup, relevant les yeux sur Isidore:

— Mais tout de même, objecta-t-elle en rougissant encore plus, si ça ne se faisait pas?

— Tu reprends tes droits sur le cuivre bébête, puisque tu ne seras pas payée.

— Tiens, c'est juste! que je suis sotte!

Alors elle griffa pesamment son nom avec un parafe et un pâté, car la plume s'accrocha.

— Ça ne fait rien, disait Isidore, c'est très bien, très bien ! Ça paraîtra même pas ; je vais le lécher. A présent tu vas me signer la promesse de verser à la maison Manheim et Cohn la somme..... ein..... la somme de...? Nous dison... on... ons...

Phlogistique poussait en avant ses fortes lèvres vermeilles tout en tordant le cou et haussant l'arc de ses sourcils.

— Baste ! fit-elle avec un geste gamin. Y a que les coquins qui ont peur ! Mets : deux cent quarante mille, papa. Nous avons bien assez de dix mille à gâcher, en attendant les bénéfices.

— Tu as du flair, ma fille bénie, répondit Isidore écrivant fiévreusement, et tu n'as qu'à te dépêcher de me donner un petit-fils, si tu veux qu'il naisse avant ses millions.

— Je n'y tiens pas, papa.

Ils ricanaient à l'envi, en proie à ce grand bonheur surchargé de tant d'incidents heureux.

Tout de même, — Isidore le voyait bien,

— elle avait encore quelque chose qui n'était pas réglé dans sa caboche. Il sentait une question près d'éclore et il aurait voulu y répondre sans qu'elle eût la peine de la formuler, tant son cœur était ouvert.

— Est-ce que tu as plus rien à t'informer? dit-il négligemment en rangeant ses papiers.

— Non, rien...

Elle alla tripoter une boule de verre peint posée sur le marbre de la cheminée.

— Dis donc, papa Zidore?

— Oui.

— Est-ce qu'on peut nous marier tout de suite?

Elle leva les yeux pour savoir la réponse et, rencontrant ceux du futur beau-père, elle eut aux joues une forte poussée de sang.

— Non, répondit celui-ci sans paraître prendre garde, faut le temps des publications. Mais ce soir, nous passons le contrat. Aussitôt après, nous rentrons pour les fiançailles en famille, avant souper.

— C'est que j'ai tant envie de causer avec Arthur ! est-ce qu'il sait ?

Isidore cligna coquinement de l'œil et répondit d'une voix basse et mystérieuse :

— Voui, monte le voir et ne le quitte plus.

— Oh ! non, pas tout de suite, il faut que j'aille chercher ma malle chez Octave, ç'pas ?

— C'est juste. Alors, attends un peu.

Il se leva, courut ouvrir la porte et cria dans l'antichambre :

— Thur ! marche-moi ici, fils ! y a qué-qu'chose pour toi, si tu te dépêches.

Son accent était si joyeusement nasal qu'on eût pu croire à quelque imitation moqueuse.

Le fils parut incontinent et sur un signe du père.

— Alors, tu veux bien ? dit-il à Phlogistique en lui coulant un regard passablement scélérat.

— Je crois bien que je veux bien, petit canard. Mais qui est-ce qui aurait dit ça ?

— Ah ! je suis bien content, s'écria le jeune homme. Veux-tu m'embrasser ?

— Si je !...

Elle allait se précipiter, mais, tout à coup, se ramenant :

— Si papa permet, susurra-t-elle angélique.

— Je veux, je veux ; embrassez-vous, les enfants et bien fort. C'est votre engagement, à tous deux.

Et quand ils se furent brutalement frotté le museau, à plusieurs reprises :

— Ma fille, reprit Isidore, je te donne à un bon mari, bien capable. Ça fait que vous vous entendrez, car je te préviens, fils, qu'elle en saura bientôt autant que nous pour l'argent. Elle a des dispositions !... je te dis que ça.

Les jeunes gens se tenaient par la main, s'envoyant la preuve de leur tendresse par de petites pressions câlines.

Ce fut Manheim qui rompit l'églogue en disant :

— Allons, ça va bien. Maintenant, aux affaires ! Voilà, ma petite, le double de nos engagements, le perds pas ; faudra faire enregistrer cet après-midi. Fourre-moi ça dans ta poche et file-moi un peu chercher ta malle... et puis, te perds pas en route.

V

L'année 1867 vit la grandeur d'Isidore portée à son point culminant. Ce n'est pas que depuis il n'ait plusieurs fois doublé sa fortune pécuniaire, mais sa position sociale fut désormais fixée. Faute de sommets accessibles aux vivants, il dut arrêter sur le plus haut sa marche ascendante. Au delà du couronnement, il n'y a plus que l'apothéose.

Manheim, patient, fait attendre celle-ci, l'autre eut lieu pendant les grands jours de l'Exposition universelle, dans ses propres salons et avec le plus grand apparat. C'est là, que, réunis à Paris, pour y admirer, soi-disant, les merveilles du travail humain, les membres du grand Sanhédrin vinrent officiellement lui faire part de la décision qui le nommait Régent suprême du sublime conseil.

Ce fut une touchante cérémonie et puissamment instructive.

Après avoir invité le nouveau souverain à siéger au fauteuil devant tous ses collègues restés debout, un orateur, en des termes apologétiques, rappela les origines de l'œuvre due à l'initiative de l'ancien marchand d'habits et se complut à énumérer les services qu'il n'avait cessé de rendre.

La plupart de ceux qui avaient assisté à la réunion du faubourg Poissonnière se trouvaient là, bien vivants encore.

Tous, d'une même voix et d'un même cœur, affirmèrent à leur nouveau chef que déjà, depuis longtemps, il eût été promu au grade dont il venait d'être investi, si d'anciennes traditions et les tâtonnements des premiers jours n'avaient fait croire à la nécessité de maintenir un docteur à la tête de la compagnie. Aujourd'hui, grâce à l'éclat de ses mérites, on reconnaissait au contraire l'avantage d'une direction plus pratiquement mêlée aux intérêts financiers.

Manheim, touché jusqu'en ses fibres lacrymales, remercia dans une langue affable tout empreinte de sentiments de componction. Il traita les ambassadeurs en vieux père auquel ses enfants donnent beaucoup de contentement. Puis, répondant au discours d'installation, il fit à son tour et à sa manière l'histoire des progrès accomplis dans la période qui venait de s'écouler.

Il s'attacha d'abord à mettre en lumière l'exactitude avec laquelle les faits étaient venus confirmer les prévisions.

Comment la sécurité, fournie aux affaires de *la Nation* par l'institution du grand Sanhédrin, en avait étendu le champ d'une façon progressive et vraiment prodigieuse.

De quelle puissance les capitaux, groupés et dirigés par un index infaillible, s'étaient trouvés subitement doués.

Combien avait été formidable le mouvement déterminé par leur impulsion. Jamais

13.

on n'avait assisté à une semblable éclosion de valeurs : emprunts d'États, chemins de fer, expropriations, constructions, fondations industrielles et commerciales de tout ordre, avaient à l'envi inondé la place de papiers, provoquant une frénésie de spéculation, un tourbillon de jeu, une fièvre de luxe, et l'enchérissement croissant de toutes choses.

Isidore énuméra avec complaisance les sources de profits auxquelles ce gonflement avait donné lieu : primes, subventions, arrérages, courtages, agiotages; il n'oublia rien et cita des chiffres incroyables.

« Notre tribut, déclara-t-il en terminant
« ce premier point, est maintenant établi sur
« tout et sur tous comme le voulait notre
« maître Ybarzabal. Il est payé sans mur-
« mure parce qu'il est toujours levé par
« voies indirectes et perçu par des intermé-
« diaires aussi inconscients que les tribu-
« taires eux-mêmes. Il s'étend jusqu'aux plus
« minces radicelles de la civilisation et le
« mécanisme occulte par lequel il est exercé

« ne permet pas à la moindre production,
« consommation ou transaction, d'échapper
« à notre puissance fiscale.

« Voici dans quelle forme s'est produit ce
« phénomène, entrevu dès la première
« heure.

« En présence de l'exubérance de la de-
« mande, l'initiative individuelle n'a plus
« suffi à la production. Une véritable révo-
« lution s'est opérée. On est venu nous de-
« mander les moyens de fabriquer en grand,
« d'accaparer, de transporter, d'écouler en
« grand et, du coup, tout a été soumis à
« notre capital. La bonne femme qui achète
« deux sous de café et un petit plat de cinq
« centimes nous paye un impôt proportionnel
« à sa dépense et souvent même plus cher
« que celui acquitté par les gros consomma-
« teurs et par le souverain lui-même, lors-
« qu'il festoie ses hôtes de ce que la fabrique,
« l'importation et l'agriculture offrent de
« produits de choix.

« Mais l'important n'est pas dans *l'équité*

« de la répartition, il est dans *l'universalité.*

« Il suffit donc qu'il soit pour nous avéré
« que, tout le monde, à toute heure, en tous
« lieux, à tout propos verse à notre *Nation*
« la dîme et la dîme des dîmes.

« Nul n'y manque, nul ne peut l'éviter.
« Chacun la paye plusieurs fois comme ci-
« toyen et incessamment comme particulier:
« comme citoyen, par la voie des dettes na-
« tionales sans cesse accrues et des fourni-
« tures, militaires, marines et autres, tou-
« jours de plus en plus coûteuses ; comme
« particulier, par le canal de l'industrie qui
« nous fait de terribles rentes, par celui du
« commerce qui nous en sert de plus nom-
« breuses et non moins remarquables, par
« celui des transports de terre, de mer, de
« canaux, de rivières et enfin, par un der-
« nier, gentil, joli, petit nouveau-né qu'on
« ne saurait à la fois trop soigner, trop ca-
« cher et trop surveiller, puisqu'il déroge à
« notre principe fondamental d'action perpé-
« tuellement indirecte ; je parle de l'accapa-

« rement! Non pas, messieurs, de celui qui
« consiste à opérer, pour un moment, sur le
« territoire d'une ville ou même d'un Etat,
« la concentration des choses communes, et
« nécessaires, mais de cet accaparement nou-
« veau qui met en nos mains, d'une façon
« permanente et définitive, certaines matières
« premières dont l'importance, les hauts
« prix, le précieux et la rareté nous ont per-
« mis l'acquisition dans le monde entier.
« L'industrie des métaux monnayables et la
« droguerie, par exemple, chercheraient en
« vain, hors de chez nous et sur toute la sur-
« face de la planète, un marchand qui pût
« leur fournir quelques-unes des substances-
« mères sur lesquelles repose leur possibilité
« de travail et de vie.

« Eh! eh! eh! Messieurs, eh! eh! eh! Par
« ma foi! le pharmacien est un fameux
« client, aussi le mettrons-nous bientôt dans
« les honneurs. Mais voyez et constatez
« vous-mêmes que la guérison est hors de prix
« et du même coup remarquez, Messieurs,

« que nous voici revenus, par ce chemin qui
« mène à Rome comme tous les autres che-
« mins d'Ybarzabal, à une nouvelle démons-
« tration de ce grand fait économique sur
« lequel vous m'avez toujours vu m'étendre
« en dissertations complaisantes : à savoir,
« que nos bénéfices sont normalement en
« proportion avec la hausse des prix.

« Notre prélibation, vous le voyez, est donc
« établie, assurée, fixée, réglée ; mais son im-
« portance, si étonnante, n'a pourtant pas dit
« son dernier mot.

« Du haut en bas de l'échelle sociale, du
« particulier à l'État en passant par toutes
« les espèces d'association, les besoins s'ac
« centuent. Les prix hausseront encore indé-
« finiment, il le faut, et nous ne pouvons que
« nous en réjouir. Sans entrer en effet dans
« les détails probants, une seule observation
« doit vous convaincre.

« Si l'on fabrique, en effet, plus que ja-
« mais et à bon marché, et si l'on vend plus
« cher que jamais, il y a nécessairement quel-

« que part un grand bénéfice réalisé. Pour-
« tant tout le monde se plaint, le producteur,
« l'intermédiaire, le vendeur, l'acheteur ; tout
« le monde sue et double son travail sans
« arriver à boucler un budget annuel dont
« les prévisions sont toujours dépassées.

« Qui donc perçoit le bénéfice de jour en
« jour accru par l'écart entre le prix de re-
« vient et celui de vente ?

« La réponse — n'est-ce pas ? — est toute
« faite.

« Nous et nous seuls touchons la totalité
« du profit, la totalité de l'épargne, puisque
« tout le monde se ruine, et, que nous seuls
« nous enrichissons !

« Ainsi, messieurs, conclut Isidore, tout
« va bien, tout va très bien, tout va aussi
« bien que possible et cependant, avec le
« temps, tout ira mieux encore !...

« Mais, puisque nous pouvons jouir sans
« crainte de la prospérité présente et d'un
« futur indéterminé, c'est le moment de
« se demander comment tout cela finira...

« Il ne faut pas se dissimuler que, dans
« cette montagne de valeurs soufflées, dont
« la plupart n'ont que l'apparence, dont si
« peu demain auront une réalité, il se pro-
« duira des dépressions, des éboulements,
« des tassements, des écroulements.

« Ne devons-nous pas craindre d'être en-
« sevelis sous les décombres ?

« Non, messieurs, car nous sommes pré-
« venus et chacun des nôtres le sera en
« temps utile. Notre apprentissage à cet
« égard n'est pas à faire ; avant le premier
« craquement, nous sommes toujours loin
« du terrain miné.

« Mais enfin, objecte-t-on, le public se
« lassera, les bourses s'épuiseront. Que
« faire alors ?

« Rien de plus qu'à l'habitude. Pendant
« l'accalmie nous consoliderons nos gains,
« nous accaparerons les bonnes valeurs. Il
« y a des usines, des canaux, des chemins
« de fer qui sont des valeurs de tout repos ;
« il y a des valeurs d'État excellentes, des

« banques sur lesquelles il n'y a rien à per-
« dre. Il y a des substances nécessaires à
« l'agriculture, à l'industrie, à la santé pu-
« blique dont nous prendrons le monopole.
« Il y a la valeur de la terre et de la bâtisse
« qui deviendra nôtre dans les plus vastes
« proportions, au moyen de grandes concen-
« trations hypothécaires et sans que nous
« ayons besoin d'apparaître comme déten-
« teurs du sol. Tout, en effet, se transforme,
« et le véritable propriétaire de l'époque où
« nous entrons, c'est l'actionnaire. L'autre
« n'est que le gardien et l'esclave de la
« glèbe. C'est lui qui veille, qui travaille, fait
« produire et subit les risques afin que la
« sauvegarde de nos rentes d'actionnaires
« soit assurée.

« Et puis, messieurs, tout ne s'écroulera
« pas à la fois. Dites-vous bien qu'il ne le faut
« pas ; que notre devoir est d'empêcher les
« vastes effondrements, de créer des pentes
« douces qui fassent glisser au niveau du
« sol, successivement et sans fracas, les ma-

« tériaux usés qui, tombant d'un seul coup,
« stupéfieraient le monde de leur vacarme.

« Après un pays, un autre et, après le der-
« nier, retour au premier, car les jachères
« restituent des fertilités. Pour remettre
« le sol en valeur, on demandera vos capi-
« taux et l'on travaillera avec d'autant plus
« d'ardeur qu'on aura été plus longtemps
« malheureux. Les capitaux! Vous les aurez
« tous en ce moment, au moins les capitaux
« disponibles et il n'y aura pas d'autre cré-
« dit que le vôtre, puisque l'or enfoui dans les
« caves des grands établissements financiers
« sera vôtre, exclusivement. Nos précautions
« sont bien prises. Nous seuls — entendez-
« vous ? — pourrons mettre la main sur les
« amas d'or.

« Les choses recommenceront donc comme
« elles recommencent toujours. On ne se
« laisse pas mourir parce qu'on a subi des
« pertes.

« Souvenez-vous des grands craque-
« ments.

« Lorsque les assignats furent devenus
« une non-valeur, il semblait qu'il n'y ait
« plus de ressource. Plus d'argent, plus de
« crédit, plus de possibilité de transaction,
« plus rien! Et cependant, tout ne s'est-il
« pas promptement, vigoureusement re-
« levé.

« Le secret de ces renouveaux est aussi
« connu que leur mécanisme ; il suffit, pour
« qu'ils se produisent, de ne pas racler jus-
« qu'à l'os, de laisser sur la place un stock
« de valeurs. Les gens totalement dépouillés
« pourraient bien en effet se décourager et
« ne pas se remettre à l'ouvrage ; mais, si
« peu qu'on leur laisse, ce peu suffit ; il les
« induit en tentation de nouveaux labeurs.
« Plus on prend de miel aux abeilles, plus
« elles s'empressent à combler le déficit, à re-
« former leur provision d'hiver.

« Jusqu'ici nous avons été fidèles aux
« bons principes. Nous ne prenons jamais
« tout, nous laissons ce qu'il faut pour le re-
« peuplement. C'est notre garantie, c'est

« notre force. Le défrichement est une folie,
« la coupe à blanc une imprudence. La coupe
« sombre et l'aménagement combinés, telle
« est la sagesse.

« Nous avons, croyez-le, de la marge, — il y
« a tant de richesse! — et, comme certains
« arbres aimant la serpe, les peuples travail-
« leurs verdoient d'autant plus qu'ils sont
« recépés.

« Donc pas d'inquiétude! Nous pourrions
« aller follement pendant bien longtemps
« encore et déjà nous prévoyons, nous nous
« assurons un avenir, une carrière intermi-
« nable puisqu'elle est en cercle.

« Donc, je le répète : Tout va bien! Que ce
« mot vous suffise; vous pouvez dormir sans
« redouter le mauvais réveil et, pour l'ins-
« tant, permettez-moi de m'en tenir là et de
« vous entraîner à ma suite hors d'un champ
« suffisamment exploré. Celui dans lequel je
« veux à présent vous introduire ne présente
« pas un moindre intérêt, les sujets de satis-
« faction y pullulent et j'ai hâte d'y arriver.

« Je vais vous parler des garanties assu-
« rées à nos agissements.

« Vous comprenez bien que tant de sources
« de richesse, tant de gains réalisés par la
« seule force du capital organisé, devaient
« promptement nous donner la puissance
« politique qui en était à la fois la con-
« séquence et la plus urgente condition de
« stabilité.

« Elle n'a pas manqué de naître en son
« temps et de se développer normale-
« ment. »

Lancé, à pleine voile, dans ce nouvel
ordre de considérations, sentant circuler
autour de lui la confiance joyeuse, le Grand
Maître osa tout. Il se complut à abattre le
jeu et, cartes sur table, à faire toucher du
doigt l'infaillible résultat.

Dans une esquisse vigoureuse, il montra
la souveraineté politique et guerrière partout
déjà soumise à la puissance de *la Nation*,
partout amie, partout sincèrement protec-
trice. Elle avait compris, tout d'abord, avec

un grand sens pratique, l'impossibilité de la
lutte contre le Pouvoir de l'Or, si dangereux
quand il est indifférent, si sûrement écrasant
quand son hostilité, transportant la fortune, laisse derrière elle autant de faiblesse
qu'elle apporte ailleurs de puissance.

D'après Isidore, l'action du grand Sanhédrin avait été de tous points parfaite en ces
matières, et d'autant plus admirable que
démuni d'expérience et de hautes relations
il posait pour la première fois ses pieds sur
un terrain si glissant. A force de soins et
d'étude il avait su éviter les ententes, briser
les coalitions et, tout en maintenant dans les
limites du possible la paix, si nécessaire à la
bancocratie, il avait réservé et cultivé tant
de ferments : religieux, économiques, territo-
riaux, ethniques, etc., que cette paix était
devenue de plus en plus armée, de plus en
plus onéreuse aux gouvernements et partant
de plus en plus favorable au placement des
capitaux en valeurs d'Etats. La précaution,
en ce sens, avait été même poussée si loin

qu'elle avait failli dépasser le but. Pour maintenir en repos tant de régiments et en silence tant de bouches à feu, il avait été souvent nécessaire de faire sentir à chacun l'impuissance de sa puissance, la négation belliqueuse de tant de préparatifs guerriers, et la démonstration était alternativement sortie de calculs financiers et d'habiles diversions socialistes.

« Pourquoi ne l'avouerions-nous pas, s'é-
« cria tout à coup le vieux Manheim. Nous
« avons eu parfois des craintes. Il a surgi
« des difficultés avec certaines puissances
« tracassières, inquisitoriales, mais nous avons
« été tôt rassurés. La force de l'or n'est
« pas de celles avec lesquelles on en vient
« aux coups sans y regarder à deux fois. La
« défaite de nos adversaires n'étant pas
« douteuse, on a cédé avant le choc. Tous
« ces tracas sont déjà loin de nous ; depuis
« des années la situation générale est par-
« faite et l'on pourrait affirmer que le grand
« conseil de *la Nation* n'a qu'à se reposer sur

« la solidité des résultats acquis, s'il ne restait
« encore un point noir dû aux velléités socia-
« listes d'un souverain fatigué, vieilli et mani-
« festement en proie à la gravelle et à l'hy-
« pocondrie. Il semble vouloir s'affranchir de
« notre intermédiaire et déjà il a tâté le terrain
« par un emprunt direct, parfaitement réussi.

« Vous comprendrez qu'il n'est pas possi-
« ble de tolérer de telles indépendances. Que
« deviendrions-nous, bonté! si des prati-
« ques de ce calibre tendaient à se généra-
« liser! Nous serions bientôt réduits à une
« vie sans emploi. Oh! mais non, pas de ça,
« ma chère! Nous avons bonne mémoire et
« ce n'est pas pour oublier la grande menace
« d'Ybarzabal signalant ce danger comme le
« seul auquel il n'y ait pas de remède.

« Aussi procéderons-nous immédiatement
« à quelques sommations par des actes em-
« barrassant la gestion de ce monarque.
« Nous espérons d'autant plus qu'il saura
« comprendre à demi-mot que nous dési-
« rons vivement la bonne entente. La re-

« connaissance est parfois une bonne affaire
« et le prince dont je parle s'est acquis des
« droits incontestables à la nôtre. Au
« moyen de dépenses fastueuses, par l'impul-
« sion infatigable donnée à tous les luxes et
« surtout en créant un centre de plaisirs
« cosmopolite, il a fait appel à toutes les
« épargnes, à toutes les fortunes et les a
« lancées dans le mouvement agioteur et vi-
« veur de telle sorte qu'il a fait de son em-
« pire la terre promise de notre activité
« financière.

« Pour ces motifs donc, pour d'autres
« encore et j'oserai même ajouter, pour sa
« bienveillance particulière envers ma mai-
« son, si l'intérêt général n'était pas si pré-
« dominant, il sera traité avec ménagement.
« Nous nous plaisons à penser qu'il suffira
« pour le ramener de quelques difficultés
« parlementaires ; exigences de libertés pu-
« bliques, mouvement d'émancipation de
« l'électorat dont les collèges sont évidem-
« ment foulés par les pressions administra-

« tives, etc., etc., et qu'il s'évadera de ces
« entortillages en demandant à notre capital
« les moyens d'une diversion.

« Il cédera parce qu'il est seul. Nul ne
« partage ses nuageuses conspirations.

« Si cependant, car il faut tout prévoir,
« cela ne suffisait pas, alors, que voulez-
« vous? nous aurions recours aux grands
« moyens. La guerre, tenue en réserve, écla-
« terait. Mais, soyez tranquilles, les prépa-
« rations sont à la fois si imposantes et si
« précises que les résultats seraient prompts,
« décisifs. Renversé d'un seul coup de bélier,
« le réfractaire disparaîtrait laissant la place
« à quelque petit bonhomme de génie incapa-
« ble de méconnaître ses devoirs envers nous.

« Confiance! Messieurs, confiance! Ce mince
« embarras doit vous prouver à quel point
« notre domaine est assuré et notre liberté de
« mouvement garantie.

« Tout cela d'ailleurs ne se serait pas produit
« si, comme je le demandais, nous avions été
« plus attentifs à ne laisser arriver aux af-

« faires que des gens essentiellement médiocres
« et dépendants. Nous y veillerons désormais.
« Les hommes qu'il nous faut sont ceux qui
« se trouvent juste à la hauteur des routines
« compliquées, amis des petits intérêts, in-
« capables de vues d'ensemble. Vivent les in-
« capacités de grand et petit talent ! Les gens
« à idées fausses nous perturbent, les autres
« nous paralysent. »

Sur ces mots le vieux Manheim fit une pause
et, prétextant le besoin de se sustenter, il fit
verser à ses invités un madère de si haut
goût qu'il devait nécessairement préparer
l'auditoire aux joies orgueilleuses qui lui
étaient réservées dans la dernière partie de
cette mémorable allocution.

Il avait encore le verre en main, lorsqu'il
reprit, tout guilleret, les lèvres étirées par
quelque suggestion narquoise.

« Eh bien ! Messieurs, qu'en dites-vous ?
« Ne pensez-vous pas qu'une expérience si
« prolongée soit concluante ? Ne démontre-
« t-elle point l'inanité des appréhensions qui,

« dans le principe, ont accueilli l'idée d'un
« Sanhédrin suprême?

« Il n'a pas soulevé le moindre ombrage.
« Longtemps ignoré, plus tard soupçonné
« d'être, maintenant éventé de plusieurs côtés,
« il est un porte-respect et non point une
« cible, il est le paratonnerre protecteur, non
« le cerf-volant qui attire la foudre.

« Vous vous méprendriez pourtant sur mes
« sentiments si vous m'attribuiez l'idée que
« ces périls étaient imaginaires. Ils étaient
« réels, nous les voyions tous, mais certains
« de nous ne voulaient pas croire à la possi-
« bilité de les détourner et de s'en garer.
« C'était là qu'était la source du dissentiment
« et non point dans la négation des dangers
« car, en vérité, je le répète, ils étaient réels
« et c'est à la prudence éclairée du Grand
« conseil que vous devez le commutateur
« qui a changé le risque en protection.

« Il est en effet, — je ne dirai pas facile,
« car rien n'est facile, — mais il est toujours
« possible à une grande puissance, de s'im-

« poser au nom de ses moyens. Cela coûte
« plus ou moins de temps, d'essais et de dé-
« penses, voilà tout. Mais ce qui est vraiment
« difficile, c'est de conquérir les milieux sur
« lesquels on règne, c'est d'éviter leurs haines
« et leurs embûches. On ne se fait point ai-
« mer parce qu'on est riche, n'est-ce pas ?
« Surtout aimer des gens qui produisent
« votre richesse et viennent à l'offrande
« cahin-caha et il faut, pour arriver seu-
« lement à se faire supporter, dans des con-
« ditions aussi dirimantes, de longs efforts
« combinés avec adresse.

« Telle est pourtant l'œuvre, aujourd'hui
« réussie, de votre Sanhédrin. Pour attein-
« dre le résultat cherché, il fallait que sa
« puissance, pareille à une huile insinuante,
« pénétrât la profondeur des couches hu-
« maines dont les gouvernants étaient déjà
« soumis.

« Remarquez la difficulté !

« Nous étions en présence d'une double
« contradiction : Diminuer le pouvoir de

« l'État de toute la portion qu'il était néces-
« saire de s'attribuer en propre et que cette
« amputation passât aux yeux du gouverne-
« ment pour un service à lui rendre.

« Et d'autre part :

« Mettre fortement la main sur les sujets
« tout en obtenant leur reconnaissance pour
« les bienfaits dont on les comblait en les li-
« bérant de l'État.

« C'était raide !

« Eh bien, c'est fait.

« En ne voyant plus aux mains de l'État
« la part de maîtrise dont nous nous sommes
« revêtus, les sujets se croient libres, grâce à
« nous, et, en trouvant toujours sous la main
« la possibilité d'un emprunt, les souverains,
« dépouillés de leurs privilèges, pensent
« avoir gagné au change.

« Ces transpositions formidables se sont
« accomplies en douceur ; elles ont passé
« inaperçues, le mouvement a été si précis
« que rien n'a grincé. Nul ne s'est plaint.
« Tout le monde a plus ou moins — surtout

« plus — admiré notre richesse et notre réus-
« site, mais sans étonnement, sans aigreur.
« Nous avions, vous le pensez bien, fourni
« d'avance, en paquets tout faits, les argu-
« ments dont le public a besoin pour s'équi-
« librer et faire aux esprits sagaces sa pe-
« tite opposition habituelle. Ils disent donc,
« les gens des foules, les lecteurs de jour-
« naux, que, si nous sommes riches, c'est
« bien fait ! qu'il n'y a qu'à procéder comme
« nous, mieux que nous, à imiter notre te-
« nue, notre prudence, notre abstention,
« notre parcimonie, disons même notre crasse.
« Ah ! sac à papier, messieurs, elle est bien
« bonne celle-là, si je puis m'exprimer ainsi !
« Ah ! ah ! ah ! bonnes gens !.... Imiter nos
« vertus et par là dompter l'or du monde...
« Oh ! oh ! oh !... ma bonne ! ma chère !... nos
« vertus !.. qu'ils essayent donc... avec ça...
« Ah ! ah ! ah ! ah !... on en ferait craquer
« des ceintures d'airain !... Faire comme
« nous !... Sans race distincte !... sans reli-
« gion particulière !... sans solidarité inter-

« nationale !... sans le grand Sanhédrin !!!...
« C'est vouloir être cocher de fiacre sans voi-
« ture et sans cheval !... avec des vertus !...
« Ah ! mon bon monsieur ! Ah ! ma bonne
« madame !... Faire comme nous !... Mais
« il faudrait donc que ce soient eux qui de-
« viennent les juifs et qu'un enchanteur nous
« transformât, nous, Israël ! en populations
« laborieuses. »

Cette riante parenthèse enfin bouclée,
Isidore se moucha, s'essuya les yeux, se
calma et, redevenu grave, se prit à développer compendieusement les procédés d'in-
filtration de la puissance israélite.

Il la montra s'attaquant d'abord aux intermédiaires financiers, courtiers, banquiers,
publicistes et les asservissant du tact au tact.

« L'homme d'affaires ne discute jamais
« celui qui tient entre ses doigts la mort
« ou la vie. Ainsi planté au centre, le
« pouvoir des douze tribus avait rayonné en
« haut, en bas, à droite, à gauche, jusqu'à
« ce qu'il eût atteint les bas-fonds et aussi

« les hauteurs de la hiérarchie sociale. Les
« intérêts, puissamment solidarisés, avaient
« rendu chacun dépendant de ceux qui dé-
« pendent de *la Nation*. Il y avait quelque-
« fois beaucoup de chaînons. Mais leur su-
« ture était solide.

« Comprenez bien, Messieurs, s'écria
« Manheim très en verve, que la difficulté
« n'était pas d'établir la puissance, nous
« avions la force, il fallait bien qu'on nous
« subisse. Mais le miracle était de l'établir
« sans irriter, sans mettre le feu aux amours-
« propres, sans révolter l'opinion, en amé-
« liorant notre situation affective.

« Le grand secret de notre réussite a été
« le renoncement aux triomphes extérieurs.
« Votre grand conseil a tenu ses membres et
« la masse de nos frères à l'écart des fonc-
« tions supérieures qu'ils eussent pu reven-
« diquer dans l'administration de l'État, et
« lorsqu'il a laissé quelques-uns des nôtres
« occuper des postes, d'ailleurs peu en ve-
« dette, ç'a été moins pour les avantages

« directs qui en résultaient, que pour ne pas
« créer aux enfants de *la Nation* un précé-
« dent d'exclusion, pour ne pas creuser une
« ligne de démarcation entre nos frères et
« les régnicoles.

« Elle eût apparu comme une sorte d'os-
« tracisme et nui à l'opinion qu'on doit avoir
« de nos capacités politiques.

« Cette précaution était d'autant plus in-
« dispensable, que cette ligne n'est déjà que
« trop naturellement établie par notre phy-
« sionomie, nos mœurs, notre culte et par
« la spécialité même de nos affaires. En ne
« nous voyant pas dans les rang du clergé
« et pour cause, ni dans ceux de l'armée
« dont nous rachetons nos enfants, ni à l'u-
« sine, ni nulle part où l'on trime la galère,
« on aurait pu cesser de voir en nous des
« concitoyens. On nous aurait peut-être ac-
« cusés de faire bande à part — et qui dit à
« part dit hostile — de créer des bataillons
« organisés pour la piraterie, et cela eût été
« fâcheux.

« Aussi le Sanhédrin, qui s'est occupé, si
« activement, d'étendre le droit de nationa-
« lité des juifs en Europe, n'a-t-il pas hé-
« sité à encourager l'assimilation apparente
« de nos éléments, en poussant les enfants
« dans les différentes branches de la basoche
« et aussi dans celles de l'art.

« Ah ! ah ! Messieurs, nous sommes
« enfin des artistes. Nous rimaillons, nous
« écrivassons, nous peinturlurons, nous
« cabotinons et faisons ronfler les orches-
« tres, surtout, oh ! surtout nous collection-
« nons. Ybarzabal n'avait pas prévu le coup.
« Peut-être cela tient-il à la difficulté qu'il
« y avait de son temps à soupçonner la faci-
« lité de ces petits métiers dans l'état dit dé-
« mocratique. Le peuple, vous le savez, se
« contente de bien des *simili*, comme l'en-
« fant se satisfait avec des montres à treize,
« et cependant la masse de ses minces achats
« artistiques constitue des revenus superbes.
« Cet aristocrate assyrien n'y avait pas songé.
« Or, toutes les fois qu'un joli bénéfice se

« présente à portée et qu'il ne faut pas pour
« l'acquérir de longues et pénibles prépara-
« tions, il pousse à l'un d'entre nous les
« facultés suffisantes à le réaliser.

« C'est en vue du bénéfice, que nous
« sommes devenus des artistes. Chacun a sa
« tendance et tant pis pour qui méprise la
« nôtre. Qu'importent l'œuvre et le mobile si
« l'on obtient le résultat ? Le vrai résultat
« dans la bataille de la vie, c'est l'argent. Où
« donc est le mal, je vous prie, de ne point
« se mettre en mouvement pour le roi de
« Prusse ? »

Des couin-couin, ricanants et flatteurs,
accueillirent cette boutade spirituelle, chacun
se sentant relevé des anathèmes d'Ybarzabal
par cette ingénieuse théorie de l'art pour
l'or.

Isidore prit juste le temps de savourer
quelques marques d'approbation, et poursuivit d'un pied alerte.

« Cette bienheureuse invasion dans le
« domaine des Muses n'a pas peu contribué

« à l'extinction des antipathies séculaires
« dont nous souffrions. Les feuilles impri-
« mées ont maintenant plus d'un cliché pour
« exprimer la chose. Ce sont, disent-elles, des
« *préjugés antédiluviens*; nos trésors sont des
« *Musées* et nous sommes des *Mécènes*, mais
« l'extension de la richesse n'en est pas
« moins le principal agent de notre relève-
« ment. Loin de concentrer la prospé-
« rité chez le petit nombre à l'exclusion des
« prolétaires, le Sanhédrin s'est plu à lais-
« ser tomber de bonnes ondées sur tous
« ceux dont les pères ont autrefois traversé
« la mer Rouge. Il n'y a plus de pauvres
« parmi nous, et c'était surtout la misère qui
« entretenait le dégoût. La pauvreté rend
« les hommes ridicules, comme a dit en latin
« quelqu'un du temps. Dans la masse des
« transactions chacun de nos enfants a trouvé
« son petit lopin. Les plus calamiteux, les
« plus encroûtés, les plus maladroits sont
« maintenant d'assez gros bonnets. Les rues
« Bouhaud et les rues du Cahernan ont dis-

« paru arrachées par le sillon des voies somp-
« tueuses: Les repaires de notre honte et de
« nôtre souffrance n'existent plus nulle part.

« A tant de richesse le respect était dû.
« Il est venu. Et même, il est venu si déci-
« dément, qu'il n'en est plus resté pour les
« autres.

« On ne crache plus sur nous, il n'y a
« même que sur nous qu'on ne crache plus,
« et... l'on n'a jamais tant craché.

« La presse, le livre, la tribune, la scène,
« les salons et les guinguettes se sont livrés
« à une véritable orgie de salive. Je ne pense
« pas qu'on puisse citer une seule institution
« ancienne ou moderne, une seule croyance,
« une seule théorie, une seule vertu, une
« seule gloire, qui ait échappé à l'insulte
« endiablée.

« Et que d'esprit ! bon Dieu, que d'es-
« prit !

« Rappelez vos souvenirs et riez encore,
« tant qu'il vous plaira, de la façon dont on
« a traîné sur la claie, dans les attitudes les

« plus grotesques et devant les populations
« les plus affinées, tout ce qu'on affirmait
« être sacré, tout ce qui représentait le Vrai,
« le Bien, le Beau ! — Les Dieux et les
« héros, les couronnes ouvertes et fermées,
« la boutique, la blouse, comme l'armure et
« le pompon, ont roulé pêle-mêle à l'égout,
« saupoudrés de sel attique et truffés de
« gaillardises. Aucun temps, aucun lieu, n'ont
« trouvé grâce ; les chefs-d'œuvre les plus
« renommés du génie Arya ont balayé trot-
« toirs et tréteaux, déformés et maquillés par
« des farceurs qui ont appris, en chatouillant
« dans l'antichambre, comment on fait rire
« les honnêtes gens.

« Ça, c'était drôle, et tout ce qui n'était
« pas ça n'était pas drôle ! Tout ce qui était
« ça était parisien et tout ce qui n'était pas
« ça n'était pas parisien !

« Vraiment, souvenez-vous, ils n'ont rien
« oublié. La robe noire et la robe rouge, les
« régiments virils et ceux de la garde natio-
« nale, le jury, l'orateur, le savant, l'artiste,

« les hommes, les femmes, les enfants et les
« Auvergnats, les braves comme les lâches!
« tous y ont passé.

« Tous!... excepté LE JUIF!!!

« Dites-moi, messieurs, dites-moi si dans
« cette dérision générale vous avez vu sur la
« scène, ou ailleurs, la plus petite atteinte
« portée à la dignité du juif?

« Rien, rien; ils n'ont pas osé la moindre
« égratignure.

« Qui s'y frotte s'y pique.

« Ah! ah! C'est le bonbon du dessert !

« A ce rire, le plus complet, le plus déli-
« cieux des rires, tous ont payé tribut et pas
« nous autres. C'est un dernier impôt que
« nous avons perçu. Ce rire-là, c'est notre
« rire. Il leur coûte cher, il leur coûte tout;
« pour *la Nation* il est gratuit!!!

« Messieurs, un tel résultat, obtenu par
« la vigueur de vos institutions, vous ren-
« seigne mieux que les plus fidèles rendu-
« comptes. Il vous dit nettement ce que vous
« êtes devenus.

« On n'a jamais fait preuve d'une puis-
« sance plus totale et plus intense. Les
« triomphateurs romains qui subissaient les
« quolibets avaient pourtant, eux aussi,
« vaincu le monde; ils étaient bien redou-
« tables; qu'étaient-ils, comparés à votre
« grand sanhédrin?

« Notre Jérusalem est plus forte que
« Rome. »

Isidore termina sur ce mot à double entente qui fut très goûté et encore plus ap-
plaudi, et, dans les douceurs du plus cordial
abandon, l'assistance passa dans la salle à
manger.

Là, furent glorieusement dégustées les
plus grandes années des plus grands crus
et, par une insigne coquetterie, il ne fut pas
versé une goutte de vin qui n'eût été récoltée
sur les terres d'Isidore.

Ce soir-là, et pour cette solennité sans
précédent, toute la famille Manheim faisait
cortège à son patriarche et ce fut un spectacle unique, vu la difficulté de réunir tant

de membres dispersés. Car les Manheim ont poussé le dévouement aux prescriptions d'Ybarzabal jusqu'au plus parfait héroïsme. Séparés par de grandes distances ils habitent les contrées les plus diverses et c'est là pour leurs cœurs embrasés du sentiment d'union le plus vif une source inépuisable de regrets.

Isidore est toujours resté excellent Français ainsi qu'Arthur, héritier présomptif; mais le petit second est devenu l'un des plus fidèles sujets de Sa Majesté Britannique; le troisième et le quatrième sont parfaits Allemands; le cinquième est Italien et l'on destine le sixième à un essai d'acclimatation en Russie.

Le cœur a ses raisons que la raison ne connaît pas, on le sent en mille manières: c'est ce qu'Isidore expliquait en son langage à son voisin de gauche en développant les avantages et les douleurs de cette situation. Le cœur, disait-il, est la seule retraite où puissent vivre en paix les inconciliables.

— Vous comprenez bien, mon cher, ajoutait-il, que chacun de nous est aussi dévoué à ses concitoyens qu'ils peuvent l'être eux-même à leurs pays ; mais la grande épreuve, c'est, pour nous, d'accepter de nos patries respectives tous les bienfaits de la protection tous les droits dont jouissent les régnicoles, sans pouvoir accepter un seul de leurs devoirs.

Quand les intérêts de nos pays sont antagoniques, comment diable voulez-vous que nous fassions? Voulez-vous que nous tournions nos épées contre notre propre sein, et que nous versions le sang de notre famille? C'est impossible, n'est-ce pas? Et quelle douleur! C'est pour chacun de nous le sacrifice d'Abraham à l'envers, mais à perpétuité et nous devons à tout instant, pour ne pas égorger notre fils, étouffer notre amour patriotique sur l'autel de la maison Manheim et Cohn.

A la droite d'Isidore, et conformément aux lois de la hiérarchie, siégeait son gendre

Pinto avec son front pâle, sa barbe bleue et son œil brillant de fièvre au fond d'orbites caverneuses. Le malheureux n'a plus qu'un bras et perd l'un après l'autre les doigts de la main qui lui reste; on va aussi l'opérer bientôt d'une grosseur inguinale, mais il est depuis longtemps un grand rabbin. Cet honneur et l'admiration de son beau-père sont la compensation à tant d'infirmités. Le vieux Manheim ne cesse de rendre hommage aux vertus de l'illustre personnage qui fut son précurseur, son catafractaire, son foret et son furet, il le choie et le console. Il lui affirme, — lui qui a l'œil, — que ses enfants lui ressemblent et qu'ils hériteront de toutes les caractéristiques de leur père. Ainsi soit-il.

La baronne Judith présidait en face d'Isidore.

Alors dans tout l'éclat de sa beauté de quarante ans; étalant, sur le luxe des chairs solides, les magnificences de la toilette et la rutilance des pierres précieuses, elle avait l'impressionnant aspect d'une idole. Pour sa famille, elle n'est pas moins que cela, et sa tenue inspira aux convives étrangers cette admiration respectueuse à laquelle ses mérites ont dès longtemps habitué ceux qui l'approchent.

15.

VI

DIALOGUE FUNÈBRE DES INCIRCONCIS

Au plus beau moment de la réception qui suivit le dîner, pendant que le baryton Mathatias, de sa chaude voix passionnée, lançait les louanges d'Israël célébrées par Félicien David en larges ondes rythmiques, un jeune homme de haute mine, portant avec une aisance correcte son frac orné du ruban rouge, se détacha du groupe d'habits noirs qui se tassaient à l'une des portes. Lassé, sans doute, de ses efforts inutiles pour jouir d'un coup d'œil impitoyablement masqué par trop d'occiputs pommadés et de cols de chemises amidonnés, il se dirigea d'un pas discret vers la galerie de tableaux en ce moment parfaitement déserte.

Passant avec lenteur devant quelques chefs-d'œuvre signés Millet, Rousseau, Meissonnier, etc., et plus rapidement devant une quantité de toiles précieusement chipotées par quelque blaireau décadent ou salement strapassées par les malins adeptes de quelque théorie régénératrice, il alla tant qu'il y eut du parquet et finit par s'étaler sur le divan circulaire placé tout à l'extrémité, au centre de la rotonde.

Là, son regard ennuyé se sentit appelé par la forte lumière spécialement projetée, au moyen de grands réflecteurs, sur la *Judith* de Cransbach dont la pâte brillait encore de l'éclat des touches récentes. D'abord distrait, son œil prit bientôt un aspect plus vivant et sous la blonde moustache un fin sourire vint étirer ses lèvres closes.

N'était-il donc pas seul, au milieu des toiles aveugles ?

— Vous êtes dur aux rapins, jeune homme, fit une voix ripostant au sourire.

Il retourna la tête, se leva vivement et

marcha la main tendue vers un grand homme à face léonine qui, le lorgnon à l'œil, se tenait droit sous l'arc d'une porte voisine.

— Vous m'épiiez donc, prince?

— Je vous surveillais tout au plus, mon cher Hector.

— Donc, ce n'est pas le hasard qui vous amène.

— Je ne joue jamais avec cette bête-là, répliqua le nouveau venu s'asseyant en face du tableau et entraînant le jeune homme, dont il n'avait pas lâché la main, à prendre place à son côté.

Ce personnage à l'œil froid, d'un bleu faïence, parlait avec nonchalance un langage fort incisif. Il portait barbe grise étalée en longs favoris massifs et reliés par sa rude moustache. Plusieurs ordres en sautoir rehaussaient sa toilette éminemment soignée.

— J'ai surpris votre évasion, continua-t-il, et j'ai fait le tour pour vous rejoindre bien sûr de vous rencontrer devant cette toile qui, cependant, ne semble pas avoir l'heur de vous plaire.

— Vous vous trompez, cher seigneur ; votre flair redoutable est cette fois en défaut sur toute la ligne. Je ne suis pas venu à la recherche de ce tableau dont j'ignorais l'existence et je lui trouve un grand mérite de métier, de composition et d'allégorie.

— Alors, c'est cette dernière qui vous déridait ?

— Précisément. Je trouve la ressemblance si frappante et l'allusion tellement osée, que j'en suis à me demander quel sang désormais accoutumé à l'insulte coule dans nos veines. En voyant aux mains sanglantes de Phlogistique cette noble tête cimmérienne qui va disparaître empochée dans un sac de marchand d'habits, ne pensez-vous pas comme moi, prince, que Cransbach s'est moqué d'eux, au moins autant que de nous, mais qu'il a voulu accrocher les banderilles de feu sur notre fibre relâchée ? Quel front de mari ne faut-il pas avoir pour exposer ainsi, glorieusement, ses mœurs commerciales? Vraiment c'est admirable et pour un rien ce serait complet. Le cynisme toucherait au sublime.

— Et que diable, mon cher, y voulez-vous de plus? Que vous êtes donc véritablement exigeant! Tout le monde n'a pas sur la gloire les mêmes façons de voir; mais en tant que la gloire juive se symbolise ordinairement dans une femme égorgeant un héros, endormi par ses caresses, je ne vois rien audessus de Judith. Dalila ne lui va pas à la cheville; peut-être préférez-vous Jahel « bénie entre toutes les femmes? » Ah! prenez garde, très cher, c'est du raffinement cela, mais très décadent. Oui, Sisara était son hôte et c'est elle qui l'avait attiré dans sa maison, lui avait offert asile, lui avait présenté du lait et fait un lit de son manteau, mais comme il n'est pas absolument certain qu'elle lui eût donné l'étreinte qui forme entre deux êtres le lien le plus sacré, je ne lui vois pas sur Judith un avantage marqué.

— Vous n'y êtes pas, prince, répliqua l'in-

terlocuteur. L'idéal représenté par cette dé-
collation est au-dessus de toute discussion,
— Marat était un monstre et il ne dormait
pas. — Mon désir portait ailleurs.

— En ce cas racontez, j'écoute.

— Je voudrais, au moyen de quelque ar-
tifice digne d'un grand artiste, que le public
comprît la supériorité de la Judith moderne
sur l'ancienne.

— Il y en a donc?

— Plusieurs. Le dévouement de celle-ci
est plus fréquent.

— Le nombre n'est pas un critérium de
supériorité. D'ailleurs, l'autre eût recom-
mencé, au besoin.

— Soit, mais la première, étant veuve et
libre de son corps, n'avait à sacrifier que sa
pudeur personnelle.

— Ah! voilà, pour le coup, un véritable
avantage, je regrette qu'il soit compensé par
une infériorité. La moderne est dispensée de
l'initiative qui fait honneur à la première.

— D'accord, on la fournit d'Holophernes;

mais, précisément parce que la baronne use
de pourvoyeurs, elle tient à discrétion la gloire
que sa rivale n'eut qu'une fois, par raccroc.
Tout cela devrait être dit par Cransbach. Il
devait même une place à ces admirables
coadjuteurs dont le cœur, tout entier au
triomphe de *la Nation*, ne veut pas savoir si
c'est dans leur lit qu'il se mitonne. Comme
cette toile eût été plus sincère si l'on y voyait
Isidore et Arthur ! Celui-ci, par exemple,
tenant le sac et purifiant sa femme par une
caresse amoureuse. L'autre au-dessus, dans
un nuage, étendant ses mains bénissantes
avec des attitudes de Dieu, mais plus vivantes,
plus participant aux joies de ce monde, au
succès du capital. Un être énorme, humain et
pourtant surdivin : LE BARON JEHOVA !

— Bravo ! Vous avez donc parbleu raison.
Ils n'y auront pas pensé, car leur puissance
eût été flattée en se permettant ce que nul
autre ne peut se permettre : d'oser jusque-là
sans avoir affaire au qu'en dira-t-on.

— Et sans offenser le bon goût ?

--- Oh ! le bon goût ! Qu'est-ce que le bon goût ?

— Vous pourriez en tenir école, prince, n'interrogez donc pas un écolier et dites-moi plutôt pourquoi le terrain de notre présente rencontre était ainsi d'avance déterminé dans votre esprit. Vous aviez donc un intérêt à me trouver devant la Judith ?

— Un intérêt ?... Oui, et même deux, ou plutôt trois. Le vôtre, le mien et celui de mon gouvernement.

— Excusez du peu ! Et vous plairait-il de me développer cette série intéressée ?

— Non. Mettez qu'un gouvernement a toujours besoin de quelque petit chemin de fer ou de quelque gros emprunt, qu'il m'est avantageux de les lui procurer, et ne parlons plus que de vous à qui j'ai bien le droit d'apporter quelques réflexions utiles.

— Merci, répondit Hector tendant de nouveau sa main, vous n'oubliez pas les morts.

— Je dois beaucoup au père, je voudrais payer au fils.

— Eh bien, ne vous gênez pas, je ne suis pas riche.

— C'est pour cela, cher enfant, qu'au lieu d'être ici à contempler l'image, vous devriez être occupé à vous faire admirer par la réalité qui prend à vous voir un plaisir croissant.

— Ah ! ah ! fit Hector en souriant, c'est un plaisir dont ma jeune masculinité n'a pas le monopole. Mais si j'avais goût à servir de pâture j'aimerais assez fournir le festin à moi tout seul.

— Parbleu ! votre goût n'est pas dégoûté; mais il ne s'agit pas de vos préférences, il s'agit de votre avenir.

— Mon avenir ! sursauta le jeune homme, mais je pense qu'il serait plutôt compromis que servi par une pareille aventure. Comme tant d'autres j'y perdrais probablement le peu qui me reste. Et puis, prince, permettez-moi de vous faire observer que mon avenir a pour lui d'autres champions. Moi, d'abord, n'est-ce pas ? Vous ensuite, je pense, et encore quelques amis vieux. Enfin, s'il était nécessaire de chausser l'étrier féminin pour monter sur cet hippogriffe, je trouverai peut être dans le mariage, ou même ailleurs, un adjuvant plus à mon gré. Car enfin, sans beaucoup s'agiter, on peut rencontrer mieux.

— Eh! Eh!

— Voyons, vous raillez.

— Quelquefois, pas aujourd'hui.

— La baronne n'a guère d'esprit et son intelligence est médiocre.

— Oui.

— Ses sentiments?

— Nuls.

— Ses instincts?

— Bas,

— Sa beauté?

— Mûre.

— Et discutable.

— Non. Là, vous exagérez. Le galbe manque de noblesse, de suavité, mais non de force et d'étrangeté.

— Tenez, prince, avouez que le plus désirable de ses attraits, ce sont ses diamants.

— Vous ne prenez vraiment pas garde, mon cher garçon, à la façon dont vous me traitez. Il semble que je sois venu ici pour vendre de la chair humaine.

— Oh! prince!

— Ce n'est donc pas cela du tout, mais simplement ce que voici : La baronne est tout ce qu'il vous plaira, mais dès aujour-d'hui votre destinée est dans ses mains. Elle vous portera loin, ou vous empêchera d'a-vancer, mais elle ne vous laissera pas fau-filer inaperçu et suivre tant bien que mal votre carrière au petit trot. Puisque vous n'êtes plus indifférent, vous serez élevé ou brisé. Vous m'entendez, n'est-ce pas?

— Avec quelque malaise, répondit Hector assez remué par la froide passion dont se co-loraient les dernières paroles de son ami.

— Et sachez bien, continua le prince, qu'il n'est pas d'influence contre celle-ci. Une sur-prise ne vous avancerait guère. Vous la payeriez probablement très cher. Car si d'autres femmes, et qui ne sont peut-être ni plus belles, ni plus vestales, ni meilleures que la baronne, peuvent deci, delà, au petit bonheur de la fourchette, enlever une position, celle-ci n'attend rien de l'occasion, elle peut ce qu'elle veut, tous les jours, à toute heure, n'oubliez pas cela.

Hector demeura un instant pensif et boudeur, puis s'approchant de l'oreille de son ami dont il saisit le bras :

— Tout cela est possible, souffla-t-il avec véhémence, certain même, puisque vous le dites, et pourtant je ne consens pas à me l'avouer. Nous en serions donc venus là !... Eh bien ! prince, apprenez que si je suis, comme vous le pensez, désigné pour le prochain rôle d'Holopherne, vos révélations et vos indulgences pour mon futur bourreau avivent mes répugnances. Je me sens poussé à l'opposé de l'endroit où vous croyez devoir me diriger. Ici, tout me révolte et me pue. Cette soif de l'or qui nous gagne faute de boire et qui s'accroît en eux par l'abus des rasades, cette femelle, outil d'usuriers, cet abject mari, ce beau-père sans vergogne, ce monde adulateur qui grouille autour et mendie, ce frein qui nous bâillonne, nous! et nous maintient ici l'âme violée, surtout, oh ! surtout, cette menace d'être ou de n'être pas selon le bon plaisir de cette Judith, en voilà trop. Je sens germer en moi des idées scélérates. Il me prend envie de me laisser séduire, de m'enfermer avec elle et, renversant les rôles, d'attendre son sommeil pour lui couper le cou. Ou plutôt, car cette besogne est encore salissante, je ne sais ce qui me tient de flanquer le feu ici, de descendre dans la rue, d'appeler à moi les rôdeurs nocturnes, les pompiers de basses fosses, d'ameuter les balayeurs et de nettoyer tout ceci au son des violons.

— Ça ne balayerait rien du tout. Laissez donc ces rêveries de violence aux masses irréfléchies. La foudre et même la dynamite ne peuvent rien contre les institutions et les mœurs. On tue quelques hommes, on renverse quelques palais et, la belle avance, les hommes sont remplacés, les édifices reconstruits, pendant que le justicier naïf devient pour tous un incendiaire et un meurtrier.

— Oui, pardon mille fois. Je n'ignore pas ces choses, ma sotte parole a suivi les entraînements d'une réaction d'instinct, momentanément aveuglante. Mais avouez qu'il y a de quoi en perdre la tête. Être les fils des races les plus nobles, les plus fortes, les plus intelligentes, les plus inventives, les plus productives et se voir paralysés, esclavagisés et bientôt déchus par un troupeau de revendeurs à qui l'on tolère de fonder un pouvoir, à la barbe de la civilisation ; à qui l'on tolère une association internationale qui nous est, à nous, interdite comme un crime ; il n'est pas possible d'envisager cela de sang-froid ! Voyons, prince, est-ce que je vais trop loin ? Est-ce que la rapacité de ces gens-là ne nous force pas à manger en herbe les productions d'un travail géant, qui, mûries, donneraient à tous l'aisance ? Est-ce qu'après avoir perdu nos biens et nos efforts, nous ne sommes pas en risque de perdre encore notre génie, étiolé sous la préoccupation exclusive de l'argent ? Qui d'entre nous, bientôt, sera assez exempt des besoins journaliers pour s'occuper des choses intellectuelles qui font les grands peuples ? Le monde s'américanise, font-il dire aux imbéciles, car ils ont toujours un mensonge à suggérer, enveloppé dans une bêtise. Comme si l'effort américain n'atteignait pas la fortune ! Comme si le nôtre pouvait atteindre autre chose que la misère ! La misère ! Est-elle assez profonde ! Elle met en péril la société. Les ouvriers, moins foulés que nous, à coup sûr, se révoltent contre le travail et ses conditions naturelles. Livrées aux inspirations malsaines de Jacques le Songeur, et faute d'un peu de braise, les prétendues classes éclairées cherchent tous les moyens de brûler des Paris pour faire cuire leur œuf. Et ce n'est pas assez, il faut encore être atteint et contraint dans ce qu'il y a de plus intime, de plus personnel ! Quelle liberté

nous reste, dont nous puissions user? Pas
même celle de manifester notre dédain.

— Le dédain suffit au dédaigneux, la manifestation n'y ajoute rien.

— Soit, mais les satisfactions qu'il donne
sont insuffisantes. Il faut en finir.

Après avoir ainsi dégonflé sa glande colé-
rique, Hector se rejeta en arrière cherchant
l'œil de son interlocuteur. Celui-ci vint bientôt le trouver, mais si narquois, si curieusement immobile que le jeune vengeur en fut
manifestement glacé.

— Croyez-vous donc, laissa tomber le
vieux gentilhomme de sa voix la plus pares-
seuse, que nous vous aurions attendu pour
cette besogne, si c'était possible?

— Allons donc! si l'on voulait...

— Non.

— Oh! fit le jeune homme visiblement dé-
monté, et, d'une voix sourdement révoltée, il
récita :

> Est-ce que tu n'as pas des ongles, vil troupeau,
> Pour ces démangeaisons d'*Israël* sur ta peau !

— Cher grand poète ! murmura le prince comme s'il eût jeté sur un cercueil la première pelletée de terre, et pourtant Dieu sait qu'il n'a jamais osé cet *Israël*-là. Mais donc, mon brave Hector, comme nous marivaudons et cela n'empêche pas les choses de suivre leur cours. Les grognards comme vous n'ont aucun moyen de délivrer le monde des combinaisons d'une puissance constituée. Aux gouvernements seuls appartient l'œuvre de rédemption, mais ils nous feront attendre longtemps car ils sont fort empêchés. Pour se débarrasser du créancier, il faut d'abord payer ses dettes. Ils n'en ont pas l'argent et l'esprit encore moins. On ne parle que d'emprunts. D'ailleurs, telle qu'elle est, la misère n'est pas suffisante à dessiller les yeux. Le public entier est avec ceux qui le mangent. Ils l'ont empoisonné d'arguments en leur faveur, le flot est en leur sens, et Celui qui doit l'arrêter n'est pas encore venu. Il est encore un autre moyen de délivrance, mais il est individuel et peu pratique ;

c'est le renoncement définitif aux ambitions, aux désirs, aux besoins sociaux. Une épuration radicale des sentiments les plus naturels doit, nécessairement, placer le mécontent hors d'atteinte. A vrai dire c'est un suicide par sublimation, car il n'est point de retour aux intérêts de la terre pour ceux qui les ont une fois anéantis en eux. Ils se sont pour ainsi rendus non miscibles à leurs anciens semblables. Or, si, pas plus que moi, mon cher Hector, vous n'êtes en disposition d'adopter cette unique échappatoire, de quoi vous plaignez-vous alors? Apprenez à subir. Il faut savoir attendre même ce qui ne viendra qu'après nous et philosopher en notant l'heure et le point. Mais pour attendre, il faut vivre et donc, rentrant ses révoltes, profiter des ressources qui viennent des assiégeants surtout s'il n'y en a point d'autres. En voyez-vous? Non. Alors, malgré vos bouffées, vous revenez fatalement à mes moutons. Que voulez-vous? Je n'y suis pour rien, mais la force est la force, elle est la seule

chose au monde qui ne se puisse discuter ;
notre métier est de la constater, de la mesurer, de nous en servir, si possible ; notre
sottise est de la nier ou de lui barrer la route
avec des récriminations. Vous savez que je
ne prêche guère le culte du veau d'or, mais
celui qui méprise la nourriture ne doit il pas
cependant se nourrir ?

— Hélas !

— Vous le voyez, nous sommes d'accord :
pourquoi donc perdre le temps en convul-
sions ? pourquoi soupçonner des vilainies au
lieu de comprendre ? Je suis un de vos meilleurs amis, vous n'en doutez pas, et cependant vous m'avez fait gâcher une demi-heure
à repousser des procès de tendance. Vous
avez d'abord supposé que je venais faire ici
mes petites affaires, jouer ensuite un assez
méchant rôle de proxénète, puis que je ne
demandais pas mieux que de trouver jolis les
petits agissements de la maison Phlogistique
et Cohn, enfin que je vous parle de choses
que j'ignore en prenant la baronne pour sujet

16.

d'entretien. Si nous continuons ainsi, nous n'en finirons pas... d'autant plus... Il s'interrompit, prêtant l'oreille. Oui, reprit-il, voilà ce que je craignais. Le baryton a fini la chanson et nous allons être envahis. Le tableau de Cransbach est la grande attraction du moment; vite, fuyons par là, dans le petit salon, nous verrons défiler et pourrons ainsi observer en racontant.

Les deux causeurs quittèrent la place d'un pas lent et lorsqu'ils furent sur le pas de la porte le prince arrêta par le bras son ami et, lui faisant signe de l'œil :

— Regardez, Hector, lui dit-il, *et nunc intelligite:* les voici tous, quelques coups d'œil remplaceront mes préfaces, car je n'ai pas fini de vous morigéner.

— Je l'espère bien. Tout en regimbant je me plais à votre mercuriale, et j'oserai même dire, sans crainte d'être mal compris, qu'elle m'amuse.

— On n'est ennuyeux que lorsqu'on parle pour parler, répliqua le diplomate.

Mais attention, la voilà! Voilà le monstre!
Elle vient faire admirer à Mathatias son
image de Juive triomphant de la gentilité.
Elle est calme, sûre et posée, Mathatias un
peu avantageux, mais le mari est superbe.
Quelle sérénité! quelle confiance! quel sérieux! Il est au second plan et ne veut pas
être au premier. Oh! le vieux Manheim!
comme il jubile! c'en est donc touchant.
Voyez avec quelle allégresse et quelle fierté
il La promène à son bras. Il voudrait avoir
sept cœurs comme le chandelier à sept branches pour illuminer de leurs flammes l'autel
de cette fille bénie.

— Il a dans l'œil, interrompit Hector,
quelque chose d'un caïman papa-gâteau.

— Oui, et pourtant ce qu'il montre de
complaisance ne peut donner qu'une faible
idée de son idolâtrie pour cette déesse de son
foyer. Vous comprendrez, peut-être, ce qui
se passe au fond de ce cœur de banquier, si
je vous dis que Manheim n'a jamais demandé
à sa Judith le remboursement des vingt-cinq

francs dont il a payé le Testament. Cette somme se reporte chaque année au compte des profits et pertes sous la rubrique : vieux cuivre, vingt-cinq francs.

— Voilà qui est en effet démonstratif.

— Certes donc! mais fourrez-vous bien avant dans l'esprit que, pour s'être acquis à ce point l'estime et l'affection d'un Isidore, pour avoir conservé l'amour de son mari, pour s'être attiré de chacun, dans la famille, ce respect et cette tendresse qui dégénère en véritable culte, et cela en dépit des indépendances auxquelles nous faisions allusion tout à l'heure, il faut être un peu plus qu'une drôlesse.

— Beaucoup plus, répondit Hector; il y avait de l'étoffe pour plusieurs.

— Ah! petit, tout petit enfant, laissa tomber le noble grison balançant la tête d'un air de compassion amicale. Perspicacité de premier degré qui voit tout et ne pénètre pas. Imprudent qui sourit dès qu'il se croit seul, qui traite comme une gamine malpropre une gaillarde dont le poignet souple dirige parfois la plus grande puissance de notre époque. En quoi donc importe-t-il, cher ami, je vous le demande, que Phlogistique reparaisse de temps en temps sous la baronne si ?...

— Cela importe plus que vous ne pensez, cher Mentor, et va rendre inopportune votre bienveillante admonition. Car, voyez-vous, cette ogresse et moi n'avons plus désormais rien à démêler, c'est le baryton qui est sous la dent.

— Et puis après? riposta le prince, combien ça dure-t-il un baryton? Ignorez-vous donc qu'en cédant à ses turlutaines, la baronne ne se laisse jamais détourner de son chemin. Quand son tempérament butte sur un baryton, avec ou sans voix, l'écart est rapide; aussitôt rectifié, elle paye comptant, comme un homme, et n i ni, c'est fini.

— Voilà qui est tentant.

— C'est ainsi; et vous faites fausse route en jugeant la baronne au nom de considérations bourgeoises. Pour étudier une force, il est au moins inutile de se demander si elle est morale ou immorale; laissez-moi donc vous présenter Judith Manheim sous son vrai jour; cela vous aidera à comprendre mon insistance. Depuis son mariage, la conduite de cette femme est un chef-d'œuvre. N'ayant jamais eu d'enfant, elle a pu se consacrer sans distraction à la prospérité de sa tribu qui lui doit une bonne partie de ses succès inexplicables. Tout d'abord elle s'est appliquée à comprendre le mécanisme financier. A l'école d'Arthur et d'Isidore, elle a fait de rapides progrès.

— Est-ce qu'ils lui ont appris l'orthographe.

— Non. *De minimis non curat prœtor.* Elle n'est pas femme à s'occuper de semblables inutilités, puisqu'elle possède une dame suivante très diplômée. Ses professeurs lui ont enseigné ce qui concerne la vie de l'argent. Mais elle ne s'est pas contentée d'un rôle d'écolière. Elle les regardait tripoter, elle considérait sur le vif le mouvement économique, et ces notions, tamisées par son âme avide, prenaient des aspects spéciaux, des flexions, des raccourcis, suggérant des rapports nouveaux entre les différents termes. Bientôt, pénétrant au fond des arcanes, cette initiée a pu apporter des idées précieuses, des déterminations hardies, qui lui ont acquis auprès des siens le droit de conseil; et pourtant, ce rôle d'Égérie ne suffisait pas encore à ses âpres désirs de fortune rapide. Sentant sa force, elle voulait mettre la main à la pâte...

— La main? vous m'accorderez bien un peu plus.

— Le double si vous voulez, enfant terrible, mettons les mains et n'en parlons plus. La difficulté n'était pas mince, les moyens d'action ordinaires d'une femme s'accordan mal avec les exigences d'un foyer décent, avec les susceptibilités d'un mari jeune, ombrageux, amoureux. Elle a triomphé de tous ces obstacles, sans rien briser, sans rien saccager. Croyez-vous beaucoup de mignon-

nes capables d'en faire autant? J'entends bien
qu'elle n'avait pas affaire à des gentils-
hommes; mais les embarras, pour être d'un
autre ordre, n'en étaient pas moindres, et il
lui a fallu une diplomatie conjugale de premier ordre, soigneusement exempte de fautes,
pour arriver à ses fins. Comment s'y est-elle
pris, je me le demande, pour faire méditer
à son mari les principes conjugaux du grand
patriarche Abraham et le mécanisme de ses
relations avec cette épouse Sarah qu'il faisait passer pour sa sœur, afin de ne pas dé-
goûter les hauts personnages dont la galanterie pouvait attirer une pluie d'or et de présents sur le pauvre ménage élu de Jéhovah?
Je ne puis me rendre compte de ce tour de
force, mais je constate les bénédictions sou-
veraines qui sont venues fondre sur la maison
d'Arthur sans en troubler le bonheur. D'autre
part, il lui fut promptement nécessaire de
laisser à son époux, devenu très chauve, cette
liberté à laquelle il doit tant de succès dans
le monde de l'opérette. C'était, avouez-le, un

jeu périlleux. Comment s'y prendre pour garder, malgré l'éloignement du mari, l'empire nécessaire à une épouse qui veut gouverner la caisse? Les plus malins s'y seraient englués, la baronne point. Arthur voit encore en elle sa colombe adorée, il est resté son petit canard, car il est toujours assuré de trouver l'accueil des premiers jours quand il se retrouve lui-même dans les dispositions des premiers jours. Pour de tels manèges, il faut vraiment être à la fois la femme forte du livre des Proverbes et la houri du Cantique des cantiques, il faut avoir vraiment l'esprit de conduite... Vous riez, gamin?

— Pas autant que j'en ai envie, prince, mais j'écoute et je comprends.

— Donc alors vous avez droit de rire. Mais le miracle en ceci, — suivez encore ma parole, — c'est d'avoir pu se permettre ce qu'elle s'est permis, sans se déperdre affolée de dissipation dans cette dissolvante fantaisie qui se multiplie avec l'opulence ; sans se corrompre, en un mot. La baronne a fait servir son tempérament à l'édification de sa puissance au lieu de sacrifier sa puissance aux exigences de son sang. Voilà sur quoi je l'admire. C'est un être qui fait ce qu'il veut et non ce que veut sa passion. Une dominatrice et non pas une dominée. Ces êtres-là ne sont jamais méprisables. Observez comment elle a abusé de tout en évitant les conséquences de l'abus. Au milieu des plus lascives farandoles, sa tête n'a pas tourné, son pied n'a pas glissé; on l'a vue toujours et partout conservant les distances, les convenances, les égards dus à chacun, ne permettant pas au ridicule et à la blessure d'atteindre les siens. Tenez, on cite d'elle un mot touchant adressé à un pauvre petit qui, tout épris d'amour, avait commis quelque grosse imprudence. — Tu sais, mon ratrat, aurait-elle dit au plus fort des caresses, passe pour cette fois, parceque tu m'aimes bien fort et que je suis folle de toi, mais ne t'avise pas de recommencer; ça nous brouillerait. Je n'ai jamais fait de

sottises à mon mari, moi! C'est pas pour
que tu lui en fasses.

Un éclat de rire, étouffé par les convenances, interrompit le prince.

— Pardonnez-moi balbutiait Hector à travers les fusées d'un rire écolier, je ne m'attendais pas... j'ignorais... excusez-moi.

Le prince souriait aussi mais sans abandon,
ne perdant pas son thème de vue.

— Oui, reprit-il, le mot est drôle. Pour
un simple cancanier il peut paraître abject
de bêtise et d'absence de sens moral, mais
le sentiment est naïf et sincère. Une Zutiste
n'aurait pas trouvé cela. Eh bien, cher enfant,
quand des hommes de notre état constatent
tant de tenue dans les choses essentielles,
tant de cohibition, tant d'heureuse adresse,
n'est-ce pas le cas de laisser sa morale pour
compte à M. le curé et de proclamer le :
Quid refert in quam arrigas? que du fond
de l'Egypte Antoine opposait aux pudibonds
réquisitoires d'Octave?

— Ah! Octave! soupira tristement Hector.

L'interlocuteur sourit de nouveau avec complaisance.

— Vous faites allusion à celui de la rue des Grès, dit-il, moi je pensais à César-Auguste. Mais donc, cher, parlons-en d'Octave. Voilà un garçon qui, faute d'un ami comme moi, a manqué la fortune.

— S'il n'en était que cela il lui resterait la sienne, mais elle l'a ruiné, la goule.

— Non, très cher, elle ne demandait qu'à lui faire du bien, c'est lui qui n'a pas été de taille. Pot de terre, il a accepté le voyage en compagnie du pot de fer et tous les torts sont de son côté.

— Oh! prince! je suis l'ami d'Octave qui est un loyal et très intelligent garçon et je sais par lui bien des choses, car Judith a, comme vous le savez, le culte du souvenir et s'est plu souvent à lui rappeler qu'en la forçant à céder son testament à Isidore, il a été la cause de sa fortune. D'ailleurs, elle croit que mon ami lui porte chance et n'a jamais manqué de se rapprocher de lui chaque fois que son étoile a semblé pâlir. Discrètement toutefois, car Octave n'est pas reçu chez les Manheim. Mais si ce galant homme possède la mystérieuse faculté de rayonner la chance c'est probablement à sa déveine obstinée qu'il la doit. Il a mené une vie de détresse et rien n'y a fait. Phlogistique a eu beau lui donner les meilleurs conseils, tout a tourné à son détriment. Pourtant elle a fait ce qu'elle a pu, je vous jure. Elle l'a contraint de fondre sa cloche patrimoniale pour la transformer en papiers d'actionnaires de premier choix, de ceux qui, de cinq cents francs, quart versé, s'enlèvent en quelques bonds vers les hauteurs de trois mille; mais que peuvent les bons avis contre la guigne! Jamais Octave n'a pu se dégager avant le krach et de chute en chute il a fini par tomber dans la plus sombre pénurie.

— Pauvreté n'est pas vice, mais c'est pis quand on ne sait rien faire pour s'en tirer. Quelle revanche a tenté votre ami?

— Du fond de l'abîme, il a réfléchi et, long-

temps en vain, cherché la cause de ses insuc-
cès. Cependant, ses retours auprès de
Phlogistique, dont il a fouillé le cœur avec
une sagacité de Peau-Rouge, ont fini par le
mettre sur la voie, et, à force de travail, de
curiosité, de vigueur intuitive, il s'est initié
aux mystères du grand Synode. Alors, en
véritable homme d'Etat, il a songé aux
moyens de combattre cette puissance tri-
cheuse et, dans la candeur de son âme, il
n'a trouvé rien d'autre à lui opposer que la
fabrication de faux papiers de banque.

Heureusement, pour ce don Quichotte,
que le prix et la difficulté des gravures
imitées l'ont arrêté longtemps, et, comme
en fin de compte Phlogistique, inquiète de
ses rêveries impénétrables, lui a procuré
une excellente place de douze cent soixante-
six francs douze centimes, déduction faite
des retenues de retraite et autres, il se tient
tranquille.

— *Non datur omnibus adire Corinthum !*
interjeta le prince.

— Il n'est pas donné à tout le monde d'aller aux galères, traduisit gaiement Hector.

— Eh bien ! mon cher, conclut le sage conseilleur, tout cela ne prouve rien contre la baronne et ce que vous m'apprenez de ce monsieur me donnant meilleure opinion de son ressort, c'est donc hors de ces deux partenaires qu'il faut chercher la raison de la ruine. Il y a, je pense, quelque inconnue à dégager. même je crois entrevoir un bout du mystère dont le fil reste à démêler. Figurez-vous que je me trouvais, il y a peu de jours, assis à la gauche d'Isidore et ses chevaux nous emportaient brillamment le long de la rue de Rivoli, lorsque je vis de loin venir Octave assez crotté. Quand il fut à portée de notre éclaboussement, Manheim et lui échangèrent un salut. Cette politesse ne m'étonna point de la part de notre hôte qui veut passer pour un de ces parvenus de haut parage affrontant noblement les spectres de son passé, mais, ayant cru

remarquer dans le regard de mon voisin
quelque chose d'anormal, je lui demandai
négligemment quel était ce monsieur. —
« C'est le fils d'un millionnaire », répondit le
juif, et il s'en tint là, mais il eut une crise
de ce ricanement sinistre qui lui est familier
chaque fois qu'il prend possession de la
livre de chair stipulée.

— Ah! prince! voilà qui est concluant et
prouve bien que mon ami ne pouvait éviter
son sort.

Rien ne se perd et la mémoire d'un
Isidore est implacable. Depuis vingt ans,
peut-être chaque jour lui représente-t-elle
Octave, encore étudiant au quartier Latin,
montrant au doigt le marchand d'habits
et disant : Voilà l'ancêtre d'un millionnaire!

— Oui, murmura le prince pensif, ça doit
être ça.. plutôt que la jalousie rétrospective
d'Arthur.

— Ah! la jalousie! elle a bien à faire si
elle hante encore les ombrages de la Grande

Chaumière et les couloirs sombres du Prado.

— Eh! eh! on ne sait pas... En tout cas, m'est avis qu'il y a ressources. Si vous ne vous mettez pas en travers de votre fortune, vous referez celle de votre ami. Un homme qui porte chance n'est jamais coulé sans appel.

— Vous remuez en moi bien des choses, mon prince. Quel tyran vous eussiez fait!

— Vous savez flatter.

— Sans m'en douter alors. Je vous parle comme à moi-même, et par conséquent je dois vous dire que, si vous n'avez pas vaincu mes répugnances, vous avez curieusement modifié le verre de mes lunettes. Cependant je crois que vous faites à Judith la part trop belle en ne la croyant pas complice de toutes les infamies. J'ai des raisons de penser qu'elle égorgille même à plaisir, pour s'entretenir la main.

— C'est probable, mais voyons vos raisons.

— Un seul exemple. Qu'elle ait laissé
étrangler Octave, soit; elle devait bien cela
à Isidore. Mais de quel crime de lèse-Juda
le docteur Alfred, l'ami d'Octave, était-il donc
coupable? Il est aussi effondré que lui. Au vu
et au su de Phlogistique, il a été associé
aux opérations financières conseillées à son
ancien étudiant, et il y a laissé la dernière
chemise de ses pères.

— Parbleu...

— Attendez donc, ce n'est pas tout
encore. Vous savez peut-être que le docteur est devenu non seulement un savant
de premier ordre, mais un vrai grand méde-
cin. Eh bien, sa clientèle a suivi une pro-
gression inverse au développement de ses talents.

— Ne touchez pas à la hache! interrompit
le prince. Si Victor Hugo a vu sa carrière politique entravée, c'est qu'il n'a pas su biffer
sur le manuscrit le mot « Juif immonde! »
qui jaillit souvent de sa veine poétique. La
république peut venir demain, il n'en sera ja-

mais le président. Je plains et j'estime le docteur Alfred, mais donc pourquoi s'est-il
avisé de dire : « Que la constitution actuelle
« des tribus d'Israël, formant corps étranger,
« vivant et rapace, au milieu de l'organisme
« social, présente tous les caractères de la
« tumeur cancéreuse ? »

FIN

TABLE

Imp. de la Soc. de Typ. - NOIZETTE, 8, r. Campagne 1re, Paris.

ABBÉ X...
Le Fils de prêtre. 1 vol. 3 »

PHILIBERT AUDEBRAND
César Berthelin. 1 vol. 3 »
Les Fredaines de Jean de Cerrilly 1 vol.... 3 »

HENRI AUGU
Les Amours au Sérail. 2 vol............ 6 »
Un Bandit amoureux. 1 v. 3 »

ÉLIE BERTHET
La Femme du fou. 1 vol. 3 »
Le Garde champêtre. 1 vol............... 3 »

MARC BAYEUX
Les Amours de Jeunesse 1 vol......... 3 »

FR. BÉCHARD
Les deux Lucien. 1 vol. 3 »

H. DE BORNIER
Comment on devient belle 1 vol......... 3 »
Le Jeu des Vertus. 1 v. 3 »

SIMON BOUBÉE
Mlle Rébus 1 vol.... 3 »

ÉDOUARD CADOL
Un Enfant d'Israël. 1 v. 3 »
Les Parents riches. 1 vol............. 3 »
Rose. 1 vol........... 3 »

HENRI CHABRILLAT
Les Amours d'un Millionnaire. 1 vol...... 3 »
Friquet 1 vol .... 3 »

GUY DE CHARNACÉ
Le Baron Vampire. 1 vol. 3 »

G. DE CHERVILLE
La Piaffeuse. 1 vol .. 3 »

GUSTAVE CLAUDIN
Le Store baissé. 1 vol. 3 »
Les Joyeuses Commères de Paris. 1 vol. ... 3 »

ERNEST DAUDET
Aventures de Femmes. 1 vol............ 3 »
La Caissière 1 vol.... 3 »
La petite Sœur. 1 vol. 3 »

LOUIS DAVYL
13, rue Magloire. 1 vol. 3 50
Le Dernier des Fontbriand. 2 vol........ 6 »
Les Enfants de la balle. 1 vol.......... 3 »
La Toile d'araignée. 2 v. 6 »

CAMILLE DEBANS
Le Baron Jean. 2 vol... 6 »
Les Pudeurs de Martha. 1 vol.............. 3 »

CH. DESLYS
La Dot d'Irène. 1 vol . 3 »
Le Serment de Madeleine 1 vol. .... 3 »

DUBUT DE LAFOREST
La Baronne Emma. 1 vol. .... 3 »
Belle Mamau. 1 vol.... 3 »
Les Dévorants de Paris. 1 vol............ 3 »
L'Espion Gismarck. 1 v. 3 »
Mademoiselle Tantale. 1 vol............ 3 »

GEORGES DUVAL
Chasteté. 1 vol...... 3 »
Les petites Abraham. 1 v 3 »
Le premier Amant. 1 vol. 3 »
Vauluisant et Bouleau. 3 »

ÉMILE FAURE
Les Grandes Viveuses. 1 vol...... ... 3 »

L. GERMONT (ROSE-THÉ)
Belle Amie. 1 vol. ... 3 »

ABEL HERMANT
Monsieur Rabosson 3 »
La Mission de Cruchod. 1 vol............ 3 »

GEORGES LACHAUD
Impitoyable amour. 1 v. 3 »
Oh! Mesdames. 1 vol.. 3 »

PAUL MAHALIN
Mesdames de Cœur volant. 1 vol........ 3 50
Les Monstres de Paris 1 vol............. 3 »

JULES MARY
La Bien-Aimée. 1 vol.. 3 »
Deux Amours de Thérèse. 1 vol........ 3 »
La Fiancée de Jean Claude. 1 vol. ...... 3 »
L'Aventure d'une Fille. 1 vol............ 3 »
La Nuit maudite. 1 vol. 3 »

MÉLANDRI
Le Baiser des Ténèbres. 1 vol............ 3 »
Bazar à treize. 1 vol . 3 »

CHARLES MONSELET
Mon Dernier-Né. 1 vol. 3 »
Le petit Paris. 1 vol... 3 »

ÉMILE DE NAJAC
L'Amant de Catherine. 1 vol.. .... 3 »
Madame est servie 1 v. 3 »

OSCAR NOIROT
La Chute d'une Femme. 1 vol............ 3 »

VICTOR PERCEVAL
Berthe Norvaux. 1 vol. 3 »
Monsieur le Maire. 1 v. 3 »

GEORGES PRADEL
Le Marquisat Boulard. 1 vol............. 3 »

PAUL PERRET
Ce que coûte l'Amour. 1 vol .... 3 »
La Fin d'un Viveur. 1 v. 3 »

GEORGE DE PEYREBRUNE
Contes en l'air. 1 vol.. 3 »

FLORIAN PHARAON
Madame Maurel. 1 vol. 3 »

RENÉ DE PONT-JEST
Divorcée 1 vol...... 3 »
La Femme de cire. 1 v. 3 »
Jeanne Reboul. 1 vol. 3 »
La Comtesse Iwacheff 1 vol............. 3 »
La Louve. 1 vol...... 3 »

ÉDOUARD ROD
Palmyre Veulard. 1 vol. 3 »

ALFRED SIRVEN
L'Enfant d'une Vierge. 1 vol........... 3 50
Les Gens qu'on salue. 1 vol........... 3 50
Sous la Livrée. 1 vol.. 3 »
Voyage au pays des Roublards 1 vol.... 3 »

MAURICE TALMEYR
Le Grison. 1 vol...... 3 »
Madame Alphonse. 1 vol. 3 »
Les Gens pourris. 1 vol. 3 »

CHARLES VALOIS
Le Docteur André. 1 vol. 3 50
Maurice Duhamel. 1 vol. 3 50
La Roche qui pleure. 1 v. 3 »
Le Baiser fatal. 1 vol. 3 »

VAST-RICOUARD
La Haute Pègre. 1 vol. 3 »
La Petite de Chavry. 1 vol.......... 3 »
La Négresse. 1 vol.... 3 »

ZARI
Guillemette. 1 vol..... 3 »

Bibliothèque choisie des chefs-d'œuvre français et étrangers.

26 vol. à.. 1 fr

PARIS. — TYP. NOIZETTE.